시대를 배신한 역사의 반역자
한국사 악인열전惡人列傳

시대를 배신한 역사의 반역자

한국사 악인열전惡人列傳

| 도현신 |

채륜
CHAE RYUN

한국사 내부의 적들

벌써 1년이 지난 일이지만, 나에게는 할리우드 블록버스터 영화 〈다크 나이트〉의 전율이 아직도 생생하게 남아 있다. 특히 가장 인상 깊었던 부분은 주인공 배트맨(크리스찬 베일 역)과 맞서는 악당 조커(히스레저 역)였다. 영화의 시작부터 끝까지 시종일관 폭발할 듯한 광기로 무장한 그의 연기는 배트맨의 활약상보다 더욱 감동적이었다.

그런데 영화를 다 보고 극장을 나오면서 내 머릿속에 한 가지 기발한 생각이 떠올랐다. 내가 좋아하는 역사 분야에서 조커같이 멋진 악역들을 발굴해 한번 그들을 집중적으로 부각시키는 책을 써 보면 어떨까?

나의 이런 발상이 다소 엉뚱해 보일 수도 있지만, 알고 보면 전혀 말도 안 되는 것은 아니다. 16세기, 르네상스가 한참 진행되던 유럽에서도 가장 인기를 끌던 문학 장르가 바로 '피카레스크'라 불리던 악당소설이었으니까.

세상에서 가장 재미없는 책이 바로 위인전이라고 한다. 도덕적으로 반듯하고 완벽한 성인들로 가득 채워진 위인전은 이제 어린아이들도 잘 보려고 하지 않는다. 그만큼 세상이 약을 대로 약아졌다는 얘기도 되지만, 반대로 생각하면 그런 위인전들이 역사의 진실을 제대로 반영하고 있지 않은 거짓말투성이라는 뜻도 될 게다. 말이야 맞는 말이다. 사실, 우리가 사는 현실 세계에서는 위인이나 영웅보다 그 반대편에 있는 인물들, 즉 악당들이 훨씬 많지 않은가?

한국사라고 해서 예외는 아닐 것이다. 세종대왕이나 이순신 장군 같이 훌륭한 업적을 남긴 사람들보다 악행을 저지른 악인들이 더욱 많이 있었다. 단지 그런 분야를 여태까지 잘 들춰내지 않아 사람들이 잘 몰랐던 것뿐이다.

이 책 《한국사 악인열전》은 말 그대로 한국 역사에 등장했던 무수한 악인들 중 17명을 선택하여 그들의 삶을 복원한 책이다. 이 중에는 독자들이 잘 몰랐거나 혹은 익히 알았고, 아니면 잘못 알고 있었던 인물들도 있다. 이들은 모두 역사의 주류에서 소외된, 혹은 사실과 전혀 다르게 오해를 받고 있는 '악인'들로서 지금도 논란의 대상이 된 자들이다.

　나의 생각을 독자들에게 강요할 수는 없다. 여러분들의 시각에 따라서는 이 책의 등장인물들이 명백한 악인이라고 생각될 수도 있고, 혹은 그와는 반대로 억울한 누명을 썼다고 생각할 수도 있다. 내가 이 책에서 한 이야기들을 읽고 어떻게 받아들일지는 독자 여러분의 몫이다.

　하지만 지나친 부담은 가질 필요가 없다. 어차피 이 책은 전문적인 학술서가 아니라 일반적인 교양도서이기 때문이다. 그저 지나간 역사적인 사실들을 토대로 여러분들의 교양에 조금이나마 도움이 된다면 더 바랄 나위가 없다.

　마지막으로 보잘것없는 원고를 선뜻 받아들여 주신 채륜에 감사드린다.

2009년 7월

도현신

01

집안 싸움에 동네 깡패들을 끌어들이다
- 발기|發岐 -

발기發岐(?~197)

고구려의 왕족으로 제8대 신대왕新大王의 아들이며 제9대 고국천왕의 동생이다.

197년 고국천왕이 세자가 없이 죽자, 자연히 자신이 왕위를 이어받을 것이라고 생각했으나

동생 연우延優(제10대 산상왕)가 형수인 고국천왕의 부인과 결혼하는 바람에 그 기회를 놓쳤다.

이에 요동으로 도망하여 요동의 태수인 공손탁公孫度에게 몸을 의탁하였고,

훗날 군사를 빌려 본국의 산상왕을 쳤지만, 패하자 자결하였다.

"집안 싸움에 동네 깡패를 끌어들였다!"

신라의 재상 김춘추가 당나라에 원조를 요청하여 고구려와 백제를 친일을 두고 한동안 저런 식으로 비판하는 사람들이 많았다.

그러나 나라의 내분에 외부의 세력을 끌어들인 장본인은 비단 신라에만 있던 것이 아니었다. 그보다 더 이전 고구려에도 있었다.

고구려 8대 왕인 신대왕新大王, 89 ~ 179의 셋째 아들이자 9대 왕인 고국천왕故國川王, ? ~ 197, 명재상 을파소를 등용한 일로 유명하다의 동생인 발기發岐가 바로 그런 경우이다.

그는 형인 고국천왕이 후계를 정하지 못하고 죽자, 그의 동생 중 제일 촌수가 높은 자신이 왕이 되리라고 여기며 회심의 미소를 짓고 있었다. 그러나 예기치 못한 변수가 발생했으니 고국천왕의 왕비이자 자신에게는 형수가 되는 우씨于氏의 행보였다.

새로운 왕을 찾아라 _

왕위를 이을 아들을 낳지 못했으니, 우씨는 이제 왕이 바뀌면 그동안 누려온 권력을 잃고 초라하게 뒷방으로 물러날 신세에 처했다. 한 번 맛본 권력의 달콤함은 마약보다도 더 강렬하다고 했던가? 우씨는 손에 쥐고 있는 권력을 놓치지 않기 위해 여러 가지로 고민을 했는데, 자신이 새로운 왕의 왕비가 되어야 한다는 결론을 내리기에 이르렀다.

"어떻게 전왕의 왕비가 다시 새 왕과 결혼할 수 있느냐?"라고 물을 사람도 있을 것이다. 하지만, 고구려의 풍습을 보면 그것이 완전히 불가능한 일만은 아니었다. 왕위 계승자인 태자가 없는 만큼, 차기 왕의 후보는 단연 고국천왕의 동생인 발기와 연우延優, 계수罽須이다.

고구려는 문화적으로 북방 유목민족의 영향을 받았기 때문에, 남편을 잃은 형수를 동생이 아내로 취하는 형사취수*의 풍습이 있었다. 따라서 우씨가 왕위 후보인 고국천왕의 동생 중 한 명과 결혼하여 그가 왕이 된다면, 우씨도 자동으로 새로 왕비가 되는 것이다!

새로운 남편감을 구하기 위해 우씨는 한밤중에 궁궐을 나와 왕제王弟들의 집을 방문했다. 먼저 간 곳은 왕위 후보 1순위인 발기였다. 죽은 왕의 동생 중에서도 나이가 제일 많은 쪽에게 우선권이 있기 때문이었다.

---

* 취수혼娶嫂婚이라고도 한다. 이것은 형이 죽은 뒤 그 동생이 형수와 결혼하여 함께 사는 혼인 풍습을 말하는데, 유목 민족에게서 자주 나타났으며, 일례로 흉노와 고구려에 있었다. 이 제도는 형이 죽으면 형수가 재산을 물려받게 되고, 그에 따라 원래 혈족의 재산이 집안 바깥으로 빠져나갈 것을 우려하여 나타난 풍습이다. 또한 형수에게 상속권이 없을 경우에는 형수에게 생활 능력이 없게 되므로 그 형수를 혈족이 부양해 준다는 의미 또한 가진다.

발기를 찾아간 우씨는 조심스레 왕에게 아들이 없으니 당신이 뒤를 이어야 하지 않겠느냐고 말을 건넸다.

그러나 발기는 우씨의 말에 "왕위는 하늘의 운수에 따른 것이니 함부로 말할 수 있는 일이 아닙니다. 그리고 마마께서는 부인의 몸으로 어찌 예의에 어긋나게 한밤중에 남의 집에 오셨습니까?"라며 되레 면박을 주었다. 이미 왕위 계승권이 자신에게 있는 것이나 마찬가지이니 구태여 우씨와 결탁하지 않아도 충분히 왕이 될 수 있다는 생각에서 나온 판단이었다.

발기가 제의를 거부하자 우씨는 다음 후보인 연우를 찾아가 넌지시 같은 제안을 했다. 반응은 대성공이었다. 연우는 우씨의 제의를 받아들였을 뿐만 아니라, 그녀와 하룻밤을 같이 보내기까지 했다. 발기와는 달리 왕위 계승에서 우선권이 없던 연우는 자신을 왕좌에 앉혀 주겠다는 제안을 거부할 이유가 없었을 것이다. 아니, 생각하지도 않던 횡재라며 내심 기뻐하지 않았을까?

다음날 우씨는 신하들을 궁궐에 소집해, 죽은 고국천왕이 자신의 후계자로 연우를 지목했다는 유언을 남겼다는 거짓말을 하여 그들의 동의를 받아냈다. 이로써 우씨는 전왕인 고국천왕에 이어 새 왕인 연우(고구려 10대 왕인 산상왕)의 왕비가 되어 다시 부귀영화를 누리게 된다.

연우가 우씨와 결혼하여 새 왕이 되었다는 소식은 수도인 국내성에 일파만파로 번져 나갔고, 졸지에 왕위를 빼앗긴 발기는 이에 격분하여 사병을 모아 궁궐을 포위하고 형수와 눈이 맞은 괘씸한 동생을 향해 고래고래 소리쳤다.

형이 죽으면 아우에게 왕위가 돌아가는 것이 원칙이거늘, 네가 차례를 어기고 왕위를 찬탈하는 것은 큰 죄악이다! 빨리 나와서 사과하고 나에게 왕위를 넘겨라. 그렇지 않으면 너뿐만 아니라 너의 아내와 자식들까지 모두 살아남지 못할 것이다!

최후통첩을 보냈음에도 불구하고 왕궁에서는 묵묵부답이었고, 사흘 동안이나 누구 하나 나오는 사람이 없었다. 화가 치민 발기는 군사를 이끌고 왕궁을 치려 했지만, 5부 귀족이나 백성 중에서도 아무도 그를 따르지 않자 어쩔 도리가 없었다.

거기에 연우와 우씨가 각 귀족들에게 서신을 보내 자신에게 왕위 계승의 정통성이 있음을 알리자 이에 둘을 지지하는 귀족들이 늘어나 전세는 점점 발기에게 불리해졌다.

공손도에 몸을 의탁하다 _

판세가 자신에게 불리하게 돌아가는 것을 눈치 챈 발기는 고심 끝에 고구려의 주적이자 형인 고국천왕이 평생을 걸쳐 싸웠던 한나라 요동 태수 공손도公孫度, ?~204*에게로 달아났다. 공손도를 찾아간 발기는 자신의 신분을 밝히고 자신의 동생과 형수가 서로 음모를 짜서 자신을 몰아내고 왕위를 차지하였으니, 이는 하늘의 뜻을 어긴 죄악이라 마땅히 응징해 달라며 원병을 요청하기에 이른다. 발기는 집안 싸움에 외국의 군대를 끌어들이려 한 것이다!

공손도의 입장에서 본다면 이는 호박이 넝쿨째 굴러 들어온 격이 아닐 수 없었다. 발기를 도와 군대를 보내게 되면, 그가 이겼을 경우 자신이 도와준 대가를 빌미로 고구려 영토의 상당 부분을 요구할 수 있었다. 설령 실패한다 해도, 자신은 고구려의 영토나 재물을 탐내서가 아니라 동생에게 왕위를 빼앗긴 불행한 왕자를 도왔을 뿐이라는 명분을 내세울 수 있으니 공손도로서는 결코 손해 볼 일이 없는 장사였다. 아울러 고구려 왕실의 내전을 이용해 고구려의 세력을 꺾어 놓게 되면 나중에 자신에게 위협이 될 가능성을 줄일 수도 있다. 이러나저러나 공손도로서는 돌멩이 하나로 두 마리의 새를 잡는 셈이었다.

---

* 후한 말기 요동 지방의 세력가이자 군주로, 출신지는 동군이며 자는 승제升濟이다. 이름의 한자 도度가 '탁'으로도 읽히기 때문에 공손탁으로 불리는 경우도 있다. 같은 고향 출신인 동탁童卓의 수하 장수 서영의 추천을 받은 뒤 요동 태수가 되었으나, 중원 지역이 혼란해지자 왕을 자처하며 독립 세력을 구축하였다. 그는 산동 반도의 동부 지역 및 주변 지방을 공략하는 등 세력을 확장하였다. 또한 국내적으로도 강성한 호족들을 대량 숙청하여 절대 군주권을 확립하는 데 힘썼다. 한편 그와 적대하던 고구려와 선비족의 적국인 부여에게 종친의 딸을 시집보내는 형태로 부여夫餘와 동맹을 맺는 등 외교 관계 수립에도 힘을 기울였다.

발기의 제안을 흔쾌히 승낙한 공손도는 휘하의 군사 3만을 발기에게 주고 군사권을 맡긴다. 복수심에 불타 사리분간을 못하는 발기는 조국을 향해 칼을 뽑았고, 마침내 적군인 한나라 군대를 앞세워 고국 땅을 침범하기에 이른다. 발기가 이끄는 한나라 군사는 고구려에 침입해 파죽지세로 각 성들을 함락하며 고구려의 옛 수도였던 환도성을 점령하고, 내친김에 고구려의 수도인 국내성까지 쳐들어가게 되었다.

사태의 심각성을 알게 된 연우는 막내 동생인 계수에게 정예군을 주어 발기를 대적하게 하였다. 이리하여 국내성 외곽에서는 형과 동생이 각각 다른 나라에 포함되어 전쟁을 벌이는 동족상잔의 비극이 벌어지고 말았다.

고구려 군대와 한나라 군대 간에 일어난 치열한 전투는, 그러나 아무래도 자기 땅을 지키기 위해 필사적으로 싸우는 고구려 군대의 투지가 한나라 군을 압도하면서 서서히 승패가 갈리기 시작했다. 마침내 한나라 군은 패색이 짙어져 달아나게 되었고, 고구려 군은 그런 한나라 군을 추격하며 닥치는 대로 죽이거나 포로로 잡았다.

한 군을 이끌고 온 발기는 그들을 따라 요동 방면으로 도망치는 길을 택했다. 왕위 계승에서 밀려난 데다 이제는 외국 군대를 불러들여 고향을 유린하는 죄악까지 저질렀으니 고구려 땅에 남아 있어 봐야 결코 무사하지 못하리라는 것은 불을 보듯 뻔한 일이다.

하지만 도망치는 것도 여의치 못했는지, 발기는 고구려 군의 총수인 계수에게 생포당하고 만다. 당황한 발기는 계수에게 "네가 정녕 이 가여운 늙은 형을 죽이고야 말겠다는 것이냐?"라며 간절하게 형제의 정을 호소했다.

내란의 끝 _

오래된 영화였다면 이쯤에서 감동에 북받친 동생이 울먹이면서 "형님! 제가 감히 어찌 형님의 몸에 칼을 들이대겠습니까? 형님께서는 아무런 죄도 없습니다!" 하고 형을 끌어안는 장면으로 끝났을 테지만, 안타깝게도 당시는 2000년 전이었다. 계수는 발기의 기대와 완전히 반대되는 대답을 했다.

태왕(연우)이 형이 맡아야 할 왕위를 왕후와 공모하여 가로챈 것도 엄연한 잘못이지만, 형이 한 일은 무엇이오? 외국의 군대를 데려와서 나라와 백성을 멸망시키려 하지 않았소? 그래 가지고 무슨 면목으로 죽은 후에 조상들을 뵈려 할 것이오?

계수의 추상 같은 질책에 발기는 망치로 뒤통수를 얻어맞은 듯한 충격을 받았다. 연우가 자신이 차지할 왕위를 빼앗은 잘못을 저질렀다면, 자신은 나라와 백성에게 더욱 큰 죄악을 저지르지 않았던가? 악행을 더욱더 큰 악행으로 갚아버린 자신의 행태가 과연 정당화될 수 있을까? 아니, 엄연한 가족끼리의 다툼에 외부 세력을 끌어들인 자신의 행태는 또 뭐란 말인가?

동생의 사자후를 들은 발기는 심한 수치심을 느껴 더 이상 삶을 지탱할 의지를 상실해 버렸다. 계수가 차마 자신의 손으로 형을 죽이지 못하고 머뭇거리고 있을 때를 틈타 발기는 배천으로 달아났고, 목을 찔러 한 많은 인생을 스스로 마무리 짓고 말았다.

이렇게 해서 왕위를 둘러싼 서기 2세기 말경, 고구려 왕실의 내분은 일단락되었다. 하지만 발기의 돌발적인 행동으로 인해 고구려가 입은 피해는 결코 적지 않았다. 환도성을 비롯한 영토가 한군의 침공으로 유린되었고, 많은 병사와 백성이 살상당했다. 천신만고 끝에 발기와 요동 태수의 군대를 물리치기는 했지만, 고구려의 국토 중 비옥한 서쪽 지역이 전쟁의 여파로 초토화되어 한동안 고구려는 피해 복구에 전념해야 했다.

비록, 피해자였다고는 하지만 발기는 최악의 판단으로 그 자신과 가족, 그리고 조국에게 피해만 남긴 채 세상을 떠나고 말았다. 그가 의도했든, 의도하지 않았든 말이다.

또한 내란에 외부 세력을 끌어들여 원조를 청하는 발기의 사례는 고구려의 권력자들에게 좋은 본보기(?)를 제공한다. 훗날, 연개소문의 세 아들 간에 싸움이 벌어졌을 때 연남생이 발기처럼 당나라로 도망쳐 당군을 이끌고 쳐들어오는 바람에 마침내 고구려는 멸망하게 되었던 것이다.

죽은자와의 인터뷰

작가_ 역사를 보니 당신은 참 비열한 인간이더군요. 형제끼리 벌이는 싸움에 바깥 동네 깡패라고 할 수 있는 요동 태수의 군대를 끌어들였으니 말입니다! 어제까지만 해도 한 핏줄 한 가족이던 사람들을 구태여 외부인의 손을 빌려 죽이려 해야 했습니까?

발기 _____ 음, 그때 내가 처했던 상황도 고려해 볼 필요가 있을 것이오. 동생과 형수가 서로 결탁해 내가 차지하기로 되어 있던 왕위를 빼앗고, 그것도 모자라 나를 역적으로 몰아 죽이려 했었소. 그런 상황에서 내가 어떻게 행동하는 것이 옳았겠소? 그냥 가만히 앉아서 내 목이 잘려 나가기만을 기다렸어야 했었겠소? 당신이라면 그럴 것이오?

작가_ 그래도 그렇지, 외국의 군대를 불러 가족·친족들과 싸운다는 것은 영 탐탁치 않은 일입니다.

발기 _____ 안 그랬으면 내가 죽었단 말이오! 동생과 형수가 짜놓은 덫 때문에 고구려 전체가 나를 적대하게 되었는데, 더 이상 어떻게 고구려에 머무르겠소? 한나라가 내 형인 고국천왕과 적이었다는 것은 알지만, 몸을 의탁할 곳이 그곳 밖에 없었단 말이오. 따지고 보면 나도 억울하오. 형이 아들 없이 죽으면 다음 왕은 동생들 중에서 제일 연장자인 내가 되는 것이 관례고, 적법한 일이오. 그런데 동생인 연우 녀석이 형수와 짜고서 그걸 뒤엎어 버렸단 말이오!

작가_ 그렇군요. 그 문제는 그쯤하고 넘어가겠습니다. 당신이 한나라 요동 태수의 군대를 끌어들이는 통에 당신의 선조들인 차대왕과 형인 고국천왕 이 힘들여 개척한 영토가 몽땅 한나라의 차지가 되고 말았습니다. 그건 당 신의 크나큰 실책이 아닐까요?

발기 _____ 그래, 영토 문제는 정말 할 말이 없소. 죽어서 조상들을 보 기가 무척 미안했소. 하지만 당시 내게 그런 정황까지 생각할 겨를은 없었 소. 당장 동생과 형수한테 죽을 뻔하다 겨우 살아나서 요동으로 도망쳐 공 손도에게 의탁한 처지였소. 그런 내가 공손도가 하자는 대로 하지 않았다 면 죽거나 온 몸이 묶인 채로 동생한테 돌려보내졌을 것이 뻔하오. 그리고 세상에 100년, 200년 앞을 미리 내다보고 행동하는 사람이 어디 있단 말 이오.

작가_ 공손도의 앞잡이가 되어 조국을 쳐들어오는 바람에 여러 성이 무너 지고 고구려 군사들도 많이 죽은 점에 대해서는 어떻게 생각하십니까?

발기_____ 안 그랬으면 내 목이 공손도나 동생에게 달아났을 것이오. 고 구려 병사들에게는 정말 미안하지만 내가 살려면 어쩔 수 없었소.

작가_ 당신의 행적을 끝까지 보니 나중에 동생이 "죽어서 선조들을 무슨 면 목으로 볼 것이냐?"라고 추궁하자 부끄러워서 자살을 했더군요. 스스로도 부끄러워서 그런 것이 아닙니까?

발기_____ 내가 한 일을 자랑스럽게 여기지는 않소. 하지만 무작정 나를 몰아붙이지는 말아 주길 바라오. 나도 나라에 무슨 억하심정이 있거나 처음부터 계획적으로 그러려고 했던 것은 정말 아니었소. 어쩔 수 없이 시작한 일이 계속 파장을 일으켜서 결국 그렇게 되고 만 셈이오. 게다가 나에게는 명분도 충분했소. 아무리 형사취수의 풍습이 있다지만 지아비가 죽은 후 곧바로 그 동생에게 몸을 의탁하는 여자가 어디 있단 말이오.

작가_ 당신이 불쌍하다는 생각도 들지만, 그래도 당신이 초래한 일이 결코 정당화되거나 미화될 수는 없다고 생각합니다.

발기 _____ 그러기를 기대하지도 않소. 단지, 내가 악의적인 매국노라고 매도하지는 말아 주길 바라오. 누군 좋아서 그런 일을 한 줄 아시오? 아니면 내가 왜 자결을 했겠소?

작가_ 하긴, 적국의 앞잡이가 되거나 나라를 팔아먹고도 부귀영화를 누리며 떵떵거리며 살다가 시대가 바뀌자 뻔뻔한 변명만 늘어놓으며 비굴하게 살아남으려 했던 인간들에 비하면, 당신은 그래도 일말의 양심이라도 있었다고 볼 수 있겠습니다.

발기 _____ 할 수만 있었다면 나도 죽은 형을 도와서 한나라를 몰아내고 조국 강토를 개척하는 영웅이 되고 싶었소. 하지만 시대가 그렇게 안 되게 만든 걸 어쩌겠소.

02

국가를 배신한
권력자의 선택
- 임자任子 -

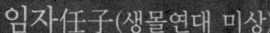

임자任子(생몰연대 미상)

임자는 백제의 마지막 임금인 의자왕(641 ~ 660)때 좌평(1품)을 역임한 인물로,

전쟁에 나가 신라의 부산현령의 직위에 있던 조미압을 생포해 자신의 종으로 삼았다.

그러나 조미압은 김유신과 선이 닿아 있었고, 이에 임자를 포섭하기로 하였다.

조미압에게 설득당한 임자는 백제의 권신에서 신라의 간첩이 되어 신라에 백제의 불안한 내정에 관한

정보를 김유신에게 전달하여, 결국 백제를 망국으로 이끌었다.

보통 한 나라가 망하는 원인에는 여러 가지가 있겠지만, 외부의 위협보다는 내부의 부패가 더 큰 비중을 차지한다. 고대 그리스나 로마처럼 강대한 외적이 침략해 와도 국민들이 일치단결한다면 얼마든지 물리칠 수 있지만, 사회 내부가 부패하는 것을 방치한다면 아무리 강력한 국가라고 해도 무너지기 마련이다.

특히, 국가의 상층부에 위치한 권력자들의 행보가 중요한데, 이들이 만약 자국민을 배신하고 외부 세력과 결탁하려 든다면 그 사회는 이미 끝장난 것과 같다. 세계사를 살펴보아도 멸망한 나라들은 외부의 침략보다는 자국의 권력자들이 외국과 결탁하여 주권을 팔아넘기는 바람에 무너진 경우가 더 많다. 대한제국만 해도 그런 전철을 밟아 일본에 힘없이 나라를 내주고 말았지 않았던가?

무너져 가는 나라 _

700년 가까이 이어져 왔던 백제는 고구려와 연계하여 신라를 압박하던 중, 어이없이 무너지고 말았다. 군주인 의자왕이 즉위 때의 초심을 잃고 사치와 향락에 빠진 탓도 있지만, 가장 중요한 문제는 백제 내부의 핵심 권력층이 적국인 신라와 내통했기 때문이었다.

신라와 결탁하여 조국을 멸망케 한 이 매국노는 좌평의 직위를 지내던 임자任子였다. 그는 전쟁터에 나가 신라에서 부산현령夫山縣令의 직위에 있던 조미압租未押*이란 인물을 생포하여 자기 집으로 끌고 와 종으로 삼았다. 조미압은 맡는 일마다 정성을 다하는 부지런하고 성실한 자였다. 그 모습을 본 임자는 그를 신임하여 마음대로 외부 출입을 할 수 있게 해주었다.

그런데 조미압은 신라군의 총사령관인 김유신과 끈이 닿아 있는 사람이었다. 김유신은 조미압을 이용해 임자를 포섭하기로 작정하고 그를 통해 임자에게 "나라의 흥망성쇠는 예측할 수 없으니, 만약 백제가 망하면 그대는 신라에 와서 의탁하고, 신라가 망하면 내가 백제에 의지하겠다"라는 자신의 말을 전한다.

김유신의 제안은 얼핏 들으면 평범한 말 같지만 사실은 이제 백제가 망할지 신라가 망할지 알 수 없는 긴박한 판국이 되었으니, 당신은 백제와 주변국의 정세를 잘 판단해서 만일 백제가 불리하면 신라를 위한 첩자 역할을 해달라는 노골적인 요구였다.

이런 전갈을 받은 임자는 곰곰이 생각해 본 끝에, 그의 제안을 받아들이기로 한다. 평소 같았으면 어림도 없는 일이었겠지만, 당

---

* 중종 임신간본과 주자본의 《삼국사기三國史記》에는 '조미갑'으로 되어 있다. 그런데 자전에 없는 글자인 까닭에 음을 '갑'으로 추정하고 있다. 북한본과 신호열본에서는 '압押'으로, 이재호본에는 '곤坤'으로 번역하고 있다.

시의 정세를 보니 김유신의 말이 뭔가 가슴에 와닿는 구석이 있었다. 내부적으로는 의자왕과 대신들 간의 권력 다툼으로 정치가 어지러우며, 왕궁에 귀신과 요물들이 드나든다는 유언비어가 시중에 나돌 정도로 민심이 불안하였다. 거기에 외부적으로는 고구려와 손을 잡는 바람에 당나라를 적으로 돌리게 되었다. 고구려의 내부 사정이 좋으면 모르겠지만, 당군의 연이은 공격에 많은 피해를 입은 데다가 연개소문의 오랜 독재로 인해 귀족과 백성들의 불만이 높았다. 사정이 이러니 고구려가 당을 견제해 줄 만큼 형편이 좋지 못했다.

이런 상황이라면 자칫 서로는 당, 동으로는 신라의 협공을 받아 백제가 몰락할 가능성이 높다. 망하는 쪽에 판돈을 모두 거는 것은 바보나 하는 짓이다. 현명한 자는 결코 무너지는 담장 밑에 서 있지 않는다는 옛말도 있지 않은가?

국내외의 정세를 분석해 본 임자는 머릿속으로 주판알에 번갯불을 튀기며 계산한 끝에 결론을 내렸다. 김유신의 제안을 받아들이기로 한 것이다. 그는 조미압을 통해 자신의 결심을 김유신에게 전달했고, 이 소식을 접한 김유신은 크게 기뻐하며 백제를 정복할 계획을 세웠다.

왕권과 신권의 다툼, 민심의 불안 등 백제의 내부 상황에 대한 정보는 임자에 의해 신라로 속속 넘어갔으며 그렇게 해서 흘러들어온 정보로 신라는 백제와의 대립에서 유리한 입장을 차지하게 되었다. 어느새 임자는 김유신이 신라에 심어 둔 고급 스파이가 된 것이다.

성충과 흥수의 충언 _

하늘이 백제의 운명을 거두기로 한 것인지, 김유신과 임자의 공작을 돕는 징조들은 계속 나타났다. 즉위 초기에 대군을 이끌고 신라를 공격하여 40개의 성을 빼앗으며 백제의 부흥을 이끌었던 의자왕이 연일 계속되는 승리에 자만하여 초심을 잃고, 사치와 향락에 빠져든 것이다. 이 모습을 매우 안타깝게 보고 있던 명장 성충成忠, 605~656*은 그의 타락을 날카롭게 비판하며, 그 같은 학정을 멈추길 간하는 글을 여러 번 올렸다.

전하께서는 작은 성공에 도취하여 앞날을 바라보지 못하고 계십니다. 비록 신라가 연일 패전으로 땅을 잃었다고는 하나 아직 건

---

* 백제의 충신으로 의자왕 때 좌평을 지내면서 왕이 주색에 빠져 정사를 돌보지 않자 국운을 염려하여 극간極諫하다 왕의 노여움을 사서 투옥되었다. 656년(의자왕 16) 옥중에서 외적의 침입을 예언하며 육로는 침현에서, 수로는 기벌포에서 막으라는 유서를 의자왕에게 남기고 죽었다.

재하며, 멀리 서쪽에서는 당나라가 신라를 도와 우리 백제를 삼키려는 궁리만 하고 있습니다. 전하께서 계속 음탕한 쾌락에 빠져 있으시다면 계속 왕위에 앉아 계실 수 있겠습니까? 머지않아 나라가 망하고 전하께서는 외국으로 끌려가 비참한 굴욕을 당하게 될지 누가 알겠습니까?

그러나 이 글을 읽은 의자왕은 성충이 자신의 위신을 모독한다고 판단하여 그를 파직하고 감옥에 가둬 버렸다. 심지어 음식조차 제대로 주지 않아 그는 항상 굶주려 있다가 결국 죽고 말았다.

그래도 성충은 나라와 백성을 생각하는 마음에서 마지막으로 "만일 다른 나라의 군사가 침략해 오거든, 육지로는 침현沈峴, 현재의 대전광역시 대덕구 마도령을 통과하지 못하게 하고, 바다로는 기벌포伎伐浦, 현재의 충청남도 서천군 금강 하구 지역의 언덕으로 들어오지 못하게 하십시오"라는 상소를 올렸지만 의자왕은 끝내 그의 간곡한 충언을 무시해 버렸다.

성충이 죽었다는 소식이 들려오자 의자왕은 기뻐했지만, 임자는 못내 불안했다. 아직 백제에는 기백이 있는 자들이 남아 있으니, 우선 그들부터 무력화시켜야 자신이 안심하고 김유신을 도울 수 있기 때문이었다. 그러기 위해서는 충신들이 올리는 어떠한 진언도 듣지 않게 왕의 정신을 완고하게 만들어야 한다. 임자는 자신과 친한 대신들을 은밀히 만나 그들에게 백제의 현 상황과 김유신의 뜻을 전하면서 자신과 한배에 탈 것을 제안했고, 그들은 모두 임자의 뜻에 동조했다.

한편, 성충에 못지않게 유능한 인재였던 흥수興首는 그가 죽었다는 소식을 듣고 무척 비통해하며, 타락한 왕의 정신을 일깨우기 위해 간곡한 어조로 상소를 올렸다.

당나라 대군은 신라와 함께 우리를 노리고 있으며, 이들이 한꺼번에 쳐들어 올 경우, 우리는 앞과 뒤에서 동시에 적을 맞아 싸워야 하니 매우 불리합니다. 만일 넓고 평탄한 들판에서 이들과 정면 대결을 벌인다면 수적으로 열세인 우리에게 승산이 없습니다. 그러니 지형을 잘 이용해서 싸워야 합니다. 백강과 탄현은 우리나라의 요충지이니, 한 사람이 충분히 1만 명의 군사를 막아 낼 수 있습니다. 그곳에 용감한 군사들로 하여금 굳게 지키게 하여 당과 신라의 군사가 넘어오지 못하게 하십시오. 그러다가 그들이 군량이 떨어져 돌아갈 때, 뒤를 공격한다면 반드시 이길 수 있습니다.

성충의 상소와 내용면에서 비슷하지만 좀더 구체적이다. 주색에 빠져 있던 의자왕도 한때는 말을 타고 전장을 누볐던 인물이라, 흥수의 상소를 읽고는 일리가 있다고 여겨 고개를 끄덕였다.

그러나 임자를 비롯한 간신들은 의자왕이 정신을 가다듬고 국사를 돌보게 될 것을 막기 위해 흥수를 거짓으로 모함하여 왕의 판단력을 흐려 놓았다.

　홍수는 전하의 심기를 거슬려 죄를 짓고 오랫동안 옥중에 있던 자입니다. 더구나 전하께 무례하게 군 죄인 성충과 절친했던 사이이니 전하를 내심 심하게 원망하고 있지 않겠습니까? 전하께서는 결코 홍수의 말을 따르셔서는 안 됩니다. 또한 당나라와 신라의 대군이 우리를 노리고 있다고는 하나, 당은 고구려에 발목이 잡혀 함부로 우리를 넘보지 못할 것이며, 신라는 이미 전하께서 여러 번이나 쉽게 무찔렀던 나약한 나라가 아니옵니까? 그들이 쳐들어온다고 해도 전하께서 용맹하시고 지혜로우신데 걱정할 필요가 무엇이 있습니까? 아무 염려마시고 전하께서는 아리따운 미녀들과 술잔이나 기울이시며 태평성대를 누리시옵소서.

역사에 남지 않은 충후 _

달콤한 음식을 자주 먹게 되면, 당뇨병에 걸려 눈이 먼다고 한다. 이처럼 듣기 좋은 말을 여러 번 듣다 보면 아무리 영리한 사람이라도 판단력이 흐려져 자신과 주변을 올바르게 보지 못한다. 의자왕도 그처럼, 임자를 비롯한 간신들의 아부와 감언에 홀딱 넘어가 끝내 홍수의 간언을 기각하고 말았다. 성충의 죽음과 홍수의 충언이 무시당하자 뜻있는 많은 사람은 탄식했으며, 백제의 민심은 점점 왕과 나라를 떠났다. 그러나 그럴수록 임자는 자신의 일에 확신을 가졌다. 백제는 결코 다시 일어설 수 없으며, 망하는 것은 시간문제라고……

성충이 죽은 지 4년 후인 660년, 마침내 당나라의 13만 대군과 신라의 5만 군사가 일제히 백제를 침공했다. 그러나 의자왕은 성충의 진언을 듣지 않았고, 유리한 고지에서 방어할 수 있는 이점을 모두 버렸다. 나당 연합군의 노도와 같은 진격에 놀란 의자왕은 급히 당군이 몰려오는 웅진 어귀로 2만의 군사를 보내고, 신라군이 쳐들어오는 황산벌 쪽으로는 명장 계백階伯, ?~660에게 5000명의 결사대를 주어 막게 했으나 수적인 열세를 감당하지 못하고 모두 참패하고 말았다.

결국 이렇게 해서 백제는 멸망하고, 의자왕은 다른 대신들과 함께 당으로 끌려갔다. 그 후로 백제의 남은 왕족들은 왜국倭國과 손잡고 백제부흥운동을 일으켰지만, 내분으로 인하여 3년 만에 물거품으로 돌아간다.

돌이켜 본다면, 김유신과 결탁하여 나라의 상층부에서 고급 첩자 노릇을 한 임자의 노력으로 백제는 사실상 스스로 무너지고 만 것이나 다름없다. 임자가 전해 준 정보로 인해 무너진 도비천성 전투 이후 약 5년 만에 백제가 망한 것을 보면 그렇다.

백제가 무너진 이후, 임자의 행적에 대해서는 자세한 기록이 없어 확실히 알기 힘들다. 신라에 출사하여 다시 고관대작이 되었을까? 의자왕과 함께 당나라로 끌려간 백제 대신들 중에 섞여 있었을까? 아니면 이용가치가 다 떨어졌다고 판단되어 불충한 자라고 처형당했을까? 그런 것 같지는 않다. 적어도 한 나라의 고위 관료인 좌평 정도 되는 자가 죽임을 당했다면 어떤 경로로든 기록이 남아 있어야 하는데 임자에 관해서는 그런 내용이 전혀 없다.

오히려 그간 신라를 위해 은밀히 암약해 온 공로를 감안하여 신라 측에서 관용을 베풀지 않았을까? 그리고 정계에서 은퇴하여 그동안 모아 둔 재산을 가지고 안전한 곳으로 떠나 평안한 여생을 보내지는 않았을까?

국정을 책임질 고위 관리가 국난을 맞아 적국과 내통하여 끝내 조국을 망하게 한 일은 비단 임자와 백제에 국한된 일이 아닐 것이다. 어쩌면 지금 이 순간에도 되풀이되고 있을지도 모른다.

죽은자와의 인터뷰

작가_ 흔히 말하는 프락치가 요즘에만 있는 줄 알았더니, 옛날에도 있었다니 놀라운 일입니다. 그것도 하찮은 피라미가 아닌 좌평씩이나 되는 고위 관료였다니 더욱 그렇습니다.

임자 _____ 나는 그저 시대의 흐름을 따랐던 것일 뿐이오.

작가_ 당신이 섬겨 온 왕과 나라를 망하게 하고서도 부끄럽지 않습니까?

임자 _____ 일단 내가 살아야 나라고 뭐고 있는 것인데, 망해 가는 나라를 위해 충성을 할 이유는 어디에 있단 말이오? 그건 어리석은 짓이지.

작가_ 당신이 의자왕의 눈과 귀를 멀게 한 덕분에 그는 현명한 군주에서 어리석은 임금이 되었고, 결국 그는 당나라로 끌려가 비참한 최후를 맞아야 했습니다.

임자 _____ 내가 의자왕을 망쳐 놓은 게 아니오. 의자왕이 정말로 현명했다면 나를 죽이고 흥수의 상소를 받아들였겠지. 하지만 그는 반대로 했소. 내가 왕의 눈과 귀를 막은 게 아니라, 스스로 그렇게 한 것이오. 단지 나는 그것을 좀 부추겼을 뿐이오. 그리고 굳이 내가 아니더라도 백제는 이미 망국의 길을 걷고 있었단 말이오. 당신은 정말로 백제가 당과 신라를 동시에 적으로 맞아 싸워서 살아날 수 있을 거라고 생각하시오?

작가_ 그렇지는 못했겠지만, 당신 같은 간신이 없었다면 백제의 수명이 얼마간 더 늘어날 수 있지 않았겠습니까?

임자 _____ 나에게 너무 무거운 짐을 씌우려 하지 마시오. 어차피 나는 백제의 말기 증상을 상징적으로 보여 주는 인물 중 일부에 지나지 않소. 김유신과 내통했던 백제인이 과연 나 혼자뿐이라고 보는 것이오? 아니오, 내가 좌평의 벼슬에 있었기에 대표적으로 내 이름이 사서에 기록된 것일 뿐이오.

작가_ 그래도 당신이 모시던 왕이 머나먼 외국으로 끌려가는 모습을 백성들이 보면서 눈물을 흘리고 전송했는데, 당신도 그걸 보면서 무슨 죄의식이나 슬픈 감정도 느끼지 못하셨습니까?

임자 _____ 자업자득이지. 진작 나 같은 자들의 말에 놀아나지 않고 스스로 분별력을 길렀다면 어찌 그런 꼴을 당했겠소? 의자왕이 정상적인 판단력을 가졌다면 나를 비롯한 백제의 관료들 중 많은 이가 목이 잘렸고, 성충과 흥수는 능력을 마음껏 발휘했을 거요. 헌데 왕은 그러지 않고 당장 눈에 보이는 쉽고 편안한 길을 선택했소.

작가_ 지나치게 잔혹하게 평가하시는군요.

임자 _____ 역사의 결과는 잔혹하리만치 분명하게 나타나오. 시간은 결코 거짓말을 하지 않지.

작가_ 한 가지 궁금한 게 더 있는데, 도대체 당신은 그 후 어떻게 되었습니까? 기록에도 없던데…….

임자 _____ 좋을 대로 생각하시오. 난 그저 복잡한 세상사에서 벗어나 홀가분하게 살다 갔다오.

조국에 칼을 빼든
비운의 장수

- 연남생淵男生 -

연남생淵男生(634 ~ 679)

연개소문의 맏아들로, 연개소문이 세상을 뜨자 얼마 동안 대막리지에 오르게 되었으나,
두 동생의 계략에 빠져 대권을 놓치게 되었다. 이에 국내성으로 달아나
아들을 당나라에 보내어 항복하고 구원을 청하였다. 668년, 당나라는 연남생을 앞세워
고구려를 공격하였고, 연남생은 요동 지역을 무너뜨리는 데 일조하였다.
이로써 당나라로부터 작위를 하사받고, 안동도호부에서 머물다가 그곳에서 사망한다.

700년이나 이어져 왔던 고구려가 한순간에 무너진 것은 강대한 외적의 침략 때문이 아니라, 내부의 배신자 때문이었다. 그것도 평민이나 노비 같은 하층민이 아닌 국가 권력의 최고위층이 그랬다는 사실은 더욱 아이러니하다.

고구려 말기, 영류왕을 시해하고 최고 권력자가 된 연개소문淵蓋蘇文의 아들 중 맏이인 연남생은 조국을 배신하고 외세인 당을 끌어들여 무수한 백성에게 망국의 설움을 겪게 한 원흉이 되었다.

연개소문이 쿠데타를 일으켜 영류왕을 죽이고 국가의 모든 권력을 장악한 해인 642년, 연남생은 불과 9세의 나이로 선인先人의 지위에 올랐다. 고구려의 14등급 관직 중에서 아래 등급이라고는 하나, 9세 밖에 안 된 어린아이가 벼슬을 받았다는 것은 아버지인 연개소문의 입김이 크게 작용한 결과였을 것이다.

아버지의 힘을 등에 업은 무능력한 고관 _

선인 직에 제수된 것을 계기로 연남생은 초고속 출세의 계단을 오른다. 15세에는 12등급인 중리소형中裏小兄에 임명되었고, 18세에는 중리대형中裏大兄에 올랐으며, 마침내 24세가 되던 해인 657년에는 장군의 직책을 받았다. 그리고 4년 후인 661년에는 한때 연개소문이 지내던 재상직인 막리지(莫離支)에 제수되었다.

최고 권력자의 아들임을 감안한다고 해도 지나치게 파격적인 승진이 아닐 수 없다. 이것으로 보아 연개소문은 장차 연남생을 자신의 후계자로 삼는 것을 염두에 두고 있었던 것 같다. 그러나 부친의 기대와는 달리, 연남생은 그리 출중한 능력을 보여 주지 못했다.

막리지가 된 해인 661년 9월, 당태종은 2차 고구려 원정을 선포하고 대군을 일으켜 고구려를 침공하게 했다. 이때 연개소문은 연남생에게 수만 명의 정예 병력을 주어 압록강을 지키게 했다. 처음에는 비교적 상황이 좋아 당군이 섣불리 강을 건너지 못했는데, 시간이 지나면서 날씨가 추워져 강에 얼음이 단단히 얼어붙었다.

그러자 돌궐 출신의 당군 장수 설필하력(契苾何力)은 대군을 이끌고 얼어붙은 압록강을 건너 거센 기세로 공격해 왔고, 이를 본 연남생은 제대로 저항조차 하지 못한 채 지리멸렬(支離滅裂)한 상태에서 도망쳤다.

지휘 계통을 담당하며 명령을 내려야 할 수뇌부가 도망쳐 버리자 일반 병사들도 사기가 떨어져 달아났고, 이 틈을 타 당군은 고구려 군사들을 수십 리나 추격하면서 닥치는 대로 죽였다. 전투가 끝나자 고구려 군의 전사자만 3만에 달했고 항복한 병사들의 수는 셀 수조차 없었다. 방어군 사령관이던 연남생은 겨우 자기

몸만 피해서 달아난 것이 전부였다. 마침 당나라 본국에서 군사를 철수하라는 명령을 내리지 않았다면, 고구려가 입은 피해는 더욱 증가했을 것이다.

연개소문은 연남생의 실태를 보고서도 그를 쫓아내지 않고 계속 자리에 두게 했다. 이미 그가 충분히 무능력하다는 것이 증명되었음에도 말이다. 아버지로서 자식을 아끼는 정에서 비롯된 일이었을까? 하지만 단지 그 때문은 아닐 것이다. 혹시 연개소문은 훗날 고려의 최충헌처럼 자기 대부터 시작하는 일종의 무인정권을 염두에 두었고, 그 정권을 책임질 계승자로 연남생을 생각하고 있었던 것인지도 모른다. 쿠데타로 정권을 잡은 만큼, 권력을 계속 이어 나가려면 외부인이 아닌 핏줄 안에서 후계자를 고르는 것이 더 안전하지 않겠는가.

그러나 연남생을 둘러싼 연개소문의 편애에 불만을 품은 자들도 생겨났다. '압록강 방어전에서 참패하여 많은 병사를 잃은 무능력한 연남생을 왜 연개소문은 계속 감싸고 도는 것일까? 나에게 맡겨 준다면 더 잘할 수 있을 텐데' 하는 의구심을 가진 세력이었는데, 그들은 바로 연남생의 동생인 남건男建과 남산男産이었다. 나중에 이 두 형제는 연남생을 후계자로 임명한 부친의 처사를 못마땅하게 여기다 끝내 형을 몰아내기 위해 골육상쟁을 벌이게 된다.

당의 침입은 더욱 기승을 부려 665년, 당의 명장 방효태龐孝泰와 소정방蘇定方은 육로와 해로로 연합하여 고구려를 대대적으로 침공했다. 늙은 나이에 병까지 얻어 시달리고 있던 연개소문이 직접 나가 사수蛇水, 지금의 청천강에서 방효태와 그 아들 13명을 비롯한 당군을 전멸시킨 데 힘입어 수도 평양을 방어하던 고구려 군이 소정방을 격퇴시킴으로써 당군의 공세는 효과적으로 저지되었다.

이 전투에서 연남생의 활약은 거의 없다. 아마 지난번 압록강 방어전을 망쳤던 졸렬한 작태를 기억하고 있던 터라, 아버지인 연개소문도 그리 신뢰하지는 않았던 모양이다.

나라의 운명을 뒤흔든 형제간의 다툼 _

연개소문의 분전으로 665년의 대당 전쟁은 고구려의 승리로 돌아갔고, 참혹한 패배에 놀란 당나라 조정에서도 더 이상의 전쟁은 무리라고 여겨 전쟁 준비를 모두 멈출 것을 지시하였다. 고구려뿐만 아니라 북방 돌궐과 서역의 여러 나라들에까지 손을 뻗치는 등지나친 확장으로 인해 백성들이 피폐해져 당에서도 전쟁에 대한 반대 목소리가 점차 힘을 얻고 있었다.

그런데 이런 상황은 뜻하지 않게도 사수대첩의 승리 이후 불과 1년 만인 666년, 연개소문이 사망함으로써 극적인 반전으로 접어들게 되었다.

　연개소문은 죽으면서 자신의 후계자로 장남인 남생을 지명하였지만, 못내 이런 조치가 불안했는지 다른 두 아들인 남건과 남산을 불러 "너희들이 화목하지 못하고 싸우면 이웃 나라들의 비웃음거리가 될 것이다"라는 유언을 남겼다. 하지만 죽은 자의 말은 힘이 없었다.

　부친의 뒤를 이어 대막리지大莫離支에 오른 연남생은 32세의 젊은 나이로 고구려의 최고 실권자가 되었다. 연개소문의 독재 정치로 인해 국내에 팽배한 불만과 아직 확고한 지지 세력이 없는 점을 감안하여 연남생은 각 지방을 순회하며 자신의 지지 기반을 닦으려 노력했다. 그런데 이런 조치가 바로 그의 몰락을 초래하고 말았다.

　《삼국사기》의 기록을 보면, 그가 수도인 평양성을 떠나 있는 동안, 두 동생인 남건과 남산에게 어떤 자들이 찾아가 "지금 남생은 당신들이 자신의 자리를 빼앗을 것을 두려워하여 당신들을 죽이려 하니, 그전에 먼저 선수를 쳐야 한다"라는 말을 전했다. 그런 직후 그들은 남생에게도 찾아가 "당신이 돌아오면 두 동생이 자신들의 권력을 빼앗을까 봐 두려워서 당신을 해치려 한다"라고 이간질을 했다. 이 때문에 형제들이 서로를 불신하고 싸우다 남생이 국내성으로 달아나 마침내 당나라에 도움을 요청했다고 적혀 있다.

　피를 나눈 형제간의 다툼, 그 원인은 무엇일까? 《삼국사기》에서는 두 동생인 남건과 남산, 그리고 남생의 관계를 멀어지게 한 이간질꾼들의 수작 때문에 형제 사이에 내분이 일어났다고 기록했다. 그러나 형제간의 사이가 돈독했다면 외부인의 말만 믿고 서로 죽이고 반목하는 일들이 벌어졌을까?

어쩌면 이는 정통성 없는 군사 독재체제 그 자체의 결함이 드러난 것일 수도 있다. 연개소문이 능력이 부족한 자를 굳이 후계자로 고집한 것도 그렇다. 훗날 고려의 최씨 정권도 이런 식의 내분을 겪다 무너진 과정을 보면 말이다.

당의 앞잡이가 된 고구려의 공자 _

형을 몰아낸 남건과 남산 형제는 대권을 장악하고 후환을 없애기 위해 군사를 보내 남생을 죽이려 하였다. 하루아침에 권좌에서 쫓겨난 것도 모자라 생명의 위협까지 받게 되자 남생의 머릿속에는 온통 '복수'라는 두 글자만 가득 찼다. 이제 그에게 남건과 남산은 동생들이 아닌 죽여야 할 '적'으로밖에 보이지 않았다.

하지만 고구려 국내에서 그를 위해 남건과 맞설 세력은 눈을 씻고 찾아보아도 없었다. 결국 연남생은 자신과 부친이 맞서 싸워왔던 당나라에 도움을 청하기로 하고 아들 연헌성淵獻誠을 당나라로 보냈다.

수차례에 걸친 고구려 원정이 계속 실패로 돌아가 낙담하고 있던 당나라에 연남생의 원조 요청은 하늘이 내린 기회였다. 지금까지 당의 고구려 침공이 계속 실패했던 원인은 고구려 안에서 내응하는 자가 없었기 때문인데, 이제 고구려의 최고 권력자가 스스로 나서서 돕겠다고 하니 이보다 더 좋은 일이 어디 있으랴?

666년 6월, 당 고종은 장수 설필하력으로 하여금 군사를 거느리고 고구려에 침입하여 남생을 데려오도록 지시했다. 남생은 한때 자신이 압록강에서 싸웠던 적장에게 머리를 조아리며 감사를 표했고, 그를 따라 당나라로 도망쳤다.

남생의 입을 통해 고구려의 실정을 모두 알게 된 당나라의 수뇌부들은 드디어 고구려를 멸망시킬 수 있다는 자신감을 가졌다. 곧 전국에 총동원령이 떨어졌으며, 동맹국인 신라에도 사신을 보내 고구려를 치는 데 협공하라는 요청을 했다. 신라는 이를 기꺼이 수락하였으며, 역시 전국의 모든 병력을 털어 20만의 대군을 편성해 고구려의 남쪽을 공격하기로 했다.

고구려로 향하는 당군의 선두에는 놀랍게도 연남생이 있었다. 그는 자신의 조국을 침공하는 외국 군대의 길잡이가 된 것이다. 고구려의 지리에 어두웠던 당군은 그가 안내하는 방향을 따라서 파죽지세로 고구려의 영토를 유린했다. 667년 9월, 신성 부근의 성 16곳이 무너졌고 남소와 목저성이 함락되자 부여성과 그 주변의 성 40곳이 모두 싸우지도 않고 당군에게 항복해 버렸다. 이미 고구려인들은 연개소문의 오랜 독재와 그 아들들의 권력 다툼에 염증을 느낀 지 오래여서 당에 항전할 기력조차 잃어버렸다.

연남건과 남산은 최후까지 버텨 보려 했지만, 668년 9월 마침내 수도인 평양성마저 당군과 내통한 승려 신성信誠이 문을 열어 줌에 따라 함락되었다. 이로써 고구려는 700년의 장구한 역사를 마치고 멸망하고 말았다.

고구려를 무너뜨리는 데 1등 공신 역할을 한 남생은 당 고종으로부터 우위대장군右衛大將軍의 벼슬을 받았고, 안동도호부에 들어가 고구려 유민들을 감시하고 감독하는 역할을 맡았다.

고구려를 지키던 자가 이제는 당나라의 개가 되어 제 백성들을 핍박하는 일에 앞장선 것이니 참으로 통탄할 노릇이다.

그렇게 안동도호부의 끄나풀로 살던 연남생은 46세가 되던 해인 679년 사망했고, 당나라의 수도인 낙양洛陽에 묻혔다.

아버지인 연개소문은 투철한 항당 의식과 당에 맞서 싸운 전공으로 아직까지 사람들의 입에 오르내리고 있지만, 그 아들인 남생과 남건 형제들은 기억하는 사람조차 드물다. 온몸으로 역사의 흐름에 맞선 자와 시류에 편승하려 했던 자들이니 당연한 차이가 아닐까?

죽은 자와의 인터뷰

작가_ 한때 고구려를 지키던 선생이 어쩌다 고구려를 침공하는 당나라 군대의 앞잡이로까지 전락했습니까? 참으로 알 수 없는 일입니다.

연남생 _____ 어쩔 수 없었네. 고구려에서는 당장 나를 죽이지 못해 안달이 난 동생들이 있는데 어쩌겠는가?

작가_ 아무리 그렇다 해도 어제까지만 해도 죽이지 못해 안달이었던 당나라에 손을 뻗는 건 좀 부끄럽지 않았습니까?

연남생 _____ 그 무렵 고구려를 둘러싼 세력도를 살펴보시게. 고구려 서쪽은 온통 당나라 땅이 되었는데 무엇을 어찌할 수 있었겠소. 그렇게 사납던 돌궐과 철륵, 설연타도 몽땅 당나라에게 무릎을 꿇은 상황이었지. 그런 상황에서 내가 갈 곳이라야 당나라밖에 더 있었겠소?

작가_ 그건 그렇군요. 하지만 당신의 아버지인 연개소문이 죽기 직전, 당군에게 상당한 타격을 입혔고 그 때문에 당나라에서도 고구려 침공을 주저했지 않았습니까? 그 점을 감안했을 때, 선생이 고구려 국내의 군비를 강화하고 지방 귀족들과 원활한 관계를 유지했다면 고구려의 국운은 좀 더 오래가지 않았을까요? 그 무렵 당나라도 무리한 군사비 지출과 영토 확장으로 인해서 국력에 한계가 오고 있었고, 670년에는 토번(티베트)에게 대비천 전투에서 참패를 당하는 등 여러 가지로 문제를 가지고 있었으니까요. 그로부터 12년 후에는 복속하고 있던 돌궐이 다시 독립을 일으켜 당에서 떨어져 나가지 않았습니까? 698년에는 고구려 유민들이 대조영을 중심으로 다시 뭉쳐 발해를 세우기도 했고요.

연남생 _____ 당신의 말은 지나치게 결과론적이오. 물론 당나라도 나중에 가면 흔들거리지만 생각해 보시오. 과연 당나라만 그렇게 전후 사정에 몸살을 앓았고, 그걸 상대하는 고구려는 멀쩡했을 것인지를. 그나마 당나라는 수천만의 인구와 넓은 영토를 가진 대국이니까 몇 차례 패전을 해도 금방 만회할 수 있는 국력이 있소. 하지만 고구려는 어떻소? 누가 보아도 당나라보다 훨씬 불리한 조건을 가지고 있소. 같은 피해라도, 당나라가 3년 동안 복구할 양이면 고구려는 10년이나 걸려야 하오.

그리고 무엇보다, 고구려는 당나라 이전의 수나라와도 4차례에 걸쳐 총력전을 치르느라 기진맥진한 상태였소. 사람들은 고구려와 수나라의 전쟁하면, 을지문덕 장군의 살수대첩만 떠올리지만 사실 그때 고구려가 입은 피해도 어마어마하오. 사서에 잘 나오지 않으니까 모르는 것뿐이지.

거기에 당태종이 고구려를 처음 침입했을 때, 얼마나 많은 고구려 영토가 함락되고 고구려 백성들이 죽거나 포로로 잡혀갔는지 아시오? 또, 그 후 당나라가 소규모 별동대를 보내 고구려를 계속 유린하는 바람에 제대로 농사를 지을 수도 없었고 전란 복구도 지지부진해서 우리는 이래저래 죽을 맛이었소.

작가_ 선생의 말을 듣고 보니, 고구려 백성이 자그마치 60년에 걸친 수당

항쟁을 하면서 겪었을 쓰라린 고통을 알만합니다.

연남생 _____ 게다가 남쪽에서는 우리의 오랜 동맹국인 백제마저 당에 무너지고, 앙숙인 신라가 당과 손잡고 배후를 찌르며 북진하던 중이었소. 설상가상으로 복속하고 있던 말갈족들도 동요하면서 우리를 배신하고 당에 내통하는 자들마저 늘어났소. 사방이 온통 당나라의 편이 되어 고구려를 위협하는 세력들로 가득 찬 판국이니, 그 상황에서라면 내가 아니라 어떤 영웅이나 위인이 와도 고구려를 온전하게 지킬 수 없을 거요.

작가_ 물론 주변이 적대적인 환경으로 변했다면, 버티기에 매우 힘들었을 테지요. 그래도 지방 귀족들을 잘 다독이고, 형제들과 화합했다면 고구려가 그렇게 쉽게 무너지지는 않았을 게 아닙니까?

연남생 _____ 이보시오. 내가 그걸 위해서 지방을 돌며 귀족들과 좋은 관계를 맺어보고자 했던 거요. 그런데 바로 그 틈을 노려 동생들이 반란을 일으켜 나를 내몬 것이오! 주위에서 나와 동생들을 서로 이간질하는 자들이 얼마나 들끓었는지 아시오? 아우들을 먼저 제거하지 않으면 내가 당한다, 그러니 저들을 빨리 없애야 당신의 권력이 탄탄해진다는 식으로 꼬드겼소. 하지만 난 그들의 말을 귀담아듣지 않고 지방 순회를 강행했었소! 바로 내 동생들을 믿었고 그들을 사랑했기에 말이오. 헌데 그들이 나를 배신하고 내 등에 비수를 꽂아 버렸으니 날더러 어쩌란 거요? 그냥 그대로 가만히 앉아서 죽으라는 거요? 당신도 사람이면 그런 지경에까지 놓이도록 아무 일도 안 하고 있겠소?

작가_ 이해가 갑니다.

연남생 _____ 뭐, 내가 잘했다고 변명하려는 것은 아니오. 죽음을 앞두고 생각해 보니 참 씁쓸하더군. 어쩌다 내가 이렇게까지 되었나 하는 온갖 상념들이 다 떠올랐소.

작가_ 선생 덕분에 30년 동안이나 나라를 잃고 핍박받던 백성들에게 미안하다는 생각은 안 들었습니까?

연남생 _____ 부끄럽게도 내가 일하는 안동도호부에 매일같이 당나라에 노예로 끌려가고 매를 맞으며 부림을 당하는 백성들이 즐비하게 지나갔소. 그들의 모습을 보면서 무척이나 가슴이 아팠지만, 나도 당나라에 예속된 처지여서 도울 수가 없었소. 게다가 난 당나라와 싸운 고구려 출신인데, 본토박이 당나라 출신보다 더 충성하지 않으면 살아남지 못하는 상황이었소.

작가_ 듣고 보니 그렇군요. 마지막으로 하시고 싶은 말씀은 있으십니까?

연남생 _____ 나를 뭐라고 욕해도 좋소. 무능력자라거나 비겁자라고 말해도 다 사실이니 어쩌겠소? 하지만 나를 손가락질하기 전에, 내가 놓였던 현실과 입장을 좀 헤아려 주시오. 나라고 후세의 지탄을 받는 매국노가 되는 것이 좋아서 그랬겠소? 나도 정말이지 나라와 백성을 위해 잘 해보려고 했지만, 세상이 그걸 따라주지 않아서 어쩔 수 없이 그 길을 갈 수밖에 없었다오.

04

배신으로 흥하고 배신으로
망한 난세의 풍운아

- 궁예弓裔 -

궁예弓裔(?~918)

몰락한 진골귀족의 후예로, 신라 제47대 헌안왕憲安王 또는 제48대 경문왕景文王의

아들이라고도 한다. 후고구려를 건국했으며, 강원·경기·황해를 점령하고 남서해 해상권도 장악했다.

신라를 멸도滅都라 일컫게 하고, 투항한 신라인을 모조리 죽이는 등 전제군주로서 횡포가 심하였다.

특히 말년에 이르러 백성들로부터 지나치게 많은 세금을 거두어들여 전쟁을 계속하고,

궁궐을 크고 화려하게 짓는 등 가혹한 수탈을 일삼았다.

배신은 보통 인간관계를 파괴하는 죄악으로 규정된다. 그러나 역사를 살펴보면 이런 배신에 능한 사람이 오히려 전보다 더욱 성공하게 되는 아이러니를 자주 보게 된다.

신라 말기 후삼국 시대, 일개 파계승으로 시작하여 수많은 군대와 호족들을 제압하여 마침내 한 나라의 임금까지 된 궁예는 그러한 배신이 가져오는 혜택을 입은 난세의 풍운아라 할 만하다.

궁예는 그 출생부터가 드라마틱한데, 아버지가 신라의 47대 임금인 헌안왕憲安王이었고, 어머니는 그의 후궁이었다고 전해진다. 혹, 아버지가 헌안왕이 아닌 48대 경문왕景文王이었다고도 하나 확실치는 않다.

그는 5월 5일, 어머니의 집에서 태어났는데, 그가 태어났을 때 지붕에 긴 무지개와 같은 하얀 빛이 위로 하늘에 닿는 진풍경이 벌어졌다고 한다. 이를 본 점성가인 일관日官이 "이 아이는 단옷날에 태어났고, 태어날 때 이상한 징조가 있으니 나라에 해를 끼칠 것입니다"라고 하자 헌안왕은 사자를 보내 아이를 죽이도록 했다.

출생의 비밀 _

단옷날에 태어났다고 해서 아이를 죽인다는 것이 현대인의 상식으로는 이해가 안 가는 일이지만, 고대 중국에서는 단옷날에 태어난 아이가 자라면 아버지를 죽인다는 말이 있다고 한다. 실제로 춘추전국시대의 유명 인사인 맹상군孟嘗君, ? ~ BC 279?도 단옷날에 태어났다고 해서 아버지에게 버림받을 뻔한 일이 있었다. 현대인보다 미신을 믿는 마음이 더 강한 고대인들에게 그런 생각은 결코 허황된 것이 아니었다.

헌안왕의 명령을 받은 사자가 아이를 포대기에서 꺼내 다락 아래로 던졌는데, 마침 아이에게 젖을 먹이던 유모가 얼른 받아서 다행히 살았지만 실수로 한쪽 손가락에 눈을 찔려 애꾸가 되고 말았다. 유모는 아이를 데리고 멀리 도망쳐 자신의 아들처럼 키웠다. 아니, 출생의 비밀을 모르는 아이에게는 그녀가 어머니나 다름없었다.

하지만 진짜 어머니가 아니기 때문에 그녀의 마음은 늘 불안하기만 했다. 언제 자신들의 정체를 아는 자들이 들이닥쳐 해를 가할지 모르는 일이었다. 아이가 자신의 정체성에 대해서 알아도 될 나이인 10세가 되자, 유모는 그에게 모든 것을 사실대로 털어놓았다.

너는 태어나자마자 부모로부터 버림을 받고 죽을 뻔했다. 나는 차마 그걸 볼 수가 없어 오늘까지 몰래 너를 길러 왔다. 하지만 너는 본래 내 아들이 아니며, 여기서 이렇게 평생 있을 수는 없다. 너와 내가 함께 있다는 사실이 다른 사람에게 알려지면 반드시 재앙을 입을 것이니 어찌하면 좋겠느냐?

이제까지 어머니라고 알고 있던 여인에게서 자신의 정체와 친부모로부터 버림받은 사실을 듣게 되자 어린 궁예는 슬프고 허망하기도 하여 눈물을 흘렸다. 그러나 비록 자신의 친부모가 아니라고 해도 여태껏 길러 준 유모의 정성은 어머니나 다름없었다. 그녀에게 차마 피해를 줘선 안 되겠다고 결심한 궁예는 "제가 이곳을 떠나 어머니에게 피해가 가지 않도록 하겠습니다"라는 말을 남기고 10년 동안 살았던 집을 떠났다.

집을 나선 궁예는 평소에 잘 보아둔 곳인지, 아니면 집을 나오자 제일 먼저 갈 만하다고 생각한 곳이었는지 세달사世達寺라는 절로 들어갔다. 절에 간 궁예는 머리를 깎고 승려가 되어 선종善宗이라는 법명까지 받았다.

승려가 된 궁예는 계율에 구애받지 않고 방종한 삶을 살았다고 알려졌지만, 그렇다고 완전히 절의 법도를 무시하고 놀고먹기에만 바빴던 것은 아니었던 모양이다. 훗날, 왕이 되자 20권이나 되는 불경을 자기 손으로 직접 지어서 낸 것을 보면 그가 절에서 생활하면서 글자도 익히고 불교의 교리 공부도 상당히 했음을 알 수 있다.

궁예가 절에서 승려가 되어 살고 있을 무렵, 신라는 격동의 소용돌이에 휩싸여 있었다. 권력층의 정권 다툼과 정치적 문란, 그리고 중앙 정부에 등을 돌린 지방 호족들과 굶주림에 지쳐 봉기하는 백성들로 인해 온 나라가 혼란에 빠진 상태였다.

까마귀가 운명을 점지하다 _

궁예는 이처럼 어지러이 돌아가는 세상을 예리한 시선으로 관찰하고 있었다. 그리고 마침내 결심을 내렸다. 자신도 세상 속으로 몸을 던져 사나이다운 대업을 이루어 보기로 말이다. 절에서 한가롭게 염불이나 외우며 인생을 보내기에는 그의 야심이 너무나 컸고, 몸속에서 끓는 피는 너무나 뜨거웠다.

서기 891년, 궁예는 오랫동안 몸담고 있던 세달사를 떠났다. 《삼국사기》에는 어느 날 그가 공양을 드리러 가는 길에 까마귀 한 마리가 떨어뜨려 준 '王'이라고 써 있는 나뭇가지를 보고 용기를 얻었다고 하지만, 이는 그가 왕이 된 이후에 자신의 선택을 합리화하기 위해 꾸며낸 말일 것이다.

처음 그가 찾아간 곳은 죽주에 있는 도적패의 우두머리인 기훤箕萱*이었다. 그러나 기훤은 궁예의 재능을 알아보지 못하고, 그에게 허드렛일이나 시키며 푸대접할 뿐이었다. 자신의 선택이 잘못되었음을 깨달은 궁예는 기훤의 부하이지만 역시 자신과 비슷한

---

* 신라 진성여왕 때 군웅 중의 한 사람으로 죽주竹州 출생이다. 889년(진성여왕 3) 나라가 어지러워 각처에서 반란이 일어날 때 죽주에서 군사를 모아 난을 일으켰다. 이때 궁예도 부하를 이끌고 여기에 가담했으나 기훤이 멸시하므로 기훤의 부하인 원회, 신헌 등을 꾀어 북원의 양길에게 갔다.

처지에 있던 원회, 신헌 등과 상의하여 기훤의 진영에서 빠져나왔다. 그리고 892년, 북원北原, 지금의 강원도 원주시에서 근거지를 잡고 활동하던 반란군의 우두머리인 양길梁吉을 찾아갔다.

다행히 양길은 기훤보다 훨씬 통이 크고 생각이 열린 인물이었다. 궁예를 본 양길은 그가 비범한 인재라는 것을 한눈에 깨닫고는 그를 우대하여 중책을 맡겼다. 맡은 일마다 놀라운 재능을 발휘하여 완벽하게 해내는 궁예를 보면서 양길은 더욱 그를 신임하게 되었다. 얼마 후, 양길은 궁예에게 자신이 거느린 군사를 나누어 주어 강원도 일대의 영토를 손에 넣도록 하였다.

이제 호랑이가 산에서 내려온 셈이었다. 궁예는 치악산에 있는 석남사石南寺를 근거지로 삼고, 주천과 나성 및 울오와 어진 등의 동쪽 고을들을 공격하여 모두 항복시켰다. 그리고 마을의 장정들과 신라 군사들을 모두 자신의 군대에 편입시켜 점점 세력을 불려 나갔다.

894년, 궁예는 강원도 명주로 들어가 거기서 군사들을 모았다. 궁예의 말을 듣고 그와 함께 전쟁터로 나가겠다고 몰려온 사람은 모두 3500명이나 되었다. 살벌한 난세에 궁예처럼 자신의 재능만 믿고 출세의 욕망에 사로잡힌 사람들이 그렇게나 많았던 것이다. 대군을 모은 궁예는 그들을 총 14개의 부대로 나누었고, 자신을 보필하며 공훈을 세운 부하인 김대검金大黔, 모흔毛昕, 장귀

평長貴平, 장일張一 등을 각 부대의 지휘관으로 삼아 병사들을 통솔하게 했다.

웬만큼 힘과 권력을 얻게 되면 사람이 달라진다고 하지만, 궁예는 아니었다. 그는 일반 병사들과 함께 어울리며 그들이 먹는 거칠고 맛없는 음식들도 기꺼이 먹었고, 그들처럼 지저분한 짚더미 위나 산속의 동굴에서 잠을 잤다. 또한 전투가 끝날 때마다 생기는 전리품들도 모두 공평하게 나눠주고 정작 자신은 크게 욕심 부리지 않았다.

이런 모범적인 지도자의 모습을 본 병사들이 그를 열렬히 추앙하고 따르게 되었음은 두말할 나위도 없다. 누가 말했던가, 이 세상에서 가장 강력한 군대는 지도자를 신뢰하게 된 군대라고. 궁예를 진심으로 추앙하는 그의 군사들은 저족과 생천, 부약, 금성 및 철원까지, 가는 곳마다 승리를 거듭하며 나약한 신라의 군대를 추풍낙엽처럼 쓰러뜨렸다. 이리하여 양길의 근거지인 북원 지역을 제외한 강원도 일대는 모두 궁예의 손에 들어온 것이나 다름없었다. 강원도를 손에 넣자, 궁예는 서쪽 바다를 끼고 중국과의 해상 무역으로 풍요로운 부를 누리고 있던 황해도 지역을 노리기 시작했다.

후고구려 창건 이후의 변질 _

황해도의 호족들은 부유했지만, 군사력은 그렇지 못했다. 신라의 중심지인 경상도나 곡창 지대인 전라도에 비해 전란이 적어 군비를 갖출 필요성을 별로 느끼지 못했기 때문이었다. 그런 그들에게 갑자기 동쪽에서 나타난 궁예의 대군은 도저히 어찌해 볼 수 없는 상대였다. 여러 호족들이 모여 회의를 거듭한 끝에, 결국 그들은 궁예에게 굴복하기로 결정했다. 무모한 항쟁을 벌이다 가지고 있는 재산을 모두 빼앗기느니, 차라리 궁예와 협력하여 생명과 재산을 보존하는 것이 더 낫다고 판단한 것이다.

송악(개성)을 중심으로 한 황해도 호족들은 자발적으로 궁예를 찾아와 항복하고, 그에게 자신들이 미리 준비한 대로 재산을 바쳤다. 그리고 궁예의 지배를 받아들이는 대가로 자신들이 가진 기득권을 침해하지 말아 달라고 요청했다. 뜻하지 않은 선물에 기뻐한 궁예는 그들의 권리를 빼앗지 않겠다고 약속했다.

강력한 군사력에 풍성한 경제력까지 갖추었으니 이제 궁예는 단순한 전투 집단의 우두머리가 아닌, 한 나라의 왕에 가까웠다. 아닌 게 아니라 궁예는 내심 자신이 도적단의 우두머리가 아니라 나라의 임금이 되어야겠다는 마음을 먹고 있었다.

901년, 궁예는 송악에서 즉위식을 치르고 정식으로 왕위에 올랐다. 국호는 고구려를 잇는다는 뜻의 후고구려라 하였는데, 이는 고구려계 유민들이 많았던 황해도 지역 주민들의 민심을 얻기 위한 술책으로 보인다. 또 여기에는 어린 시절 자신을 핍박했던 신라에 대한 반감과 그에 맞섰던 고구려에 대한 호감도 포함되어 있었다. 그는 왕이 되자 주변 사람들에게 "이전에 신라가 당나라에 군사를 요청해 고구려를 멸망시켜 옛 서울인 평양이 황폐하여 풀만 무성하게 되었으니, 내가 반드시 그 원한을 갚고야 말겠다"는 말을 하고 다녔다. 믿기 힘든 이야기에 따르면 궁예는 신라의 왕자가 아니라 고구려 유민들의 후손이었다고도 한다.

하지만 궁예의 자립은 한편으로는 그를 받아주고 키워 준 양길에 대한 배신이기도 했다. 궁예가 자신에게 빌린 군사로 세력을 키워 여러 지역을 빼앗더니 급기야 왕이 되었다는 소식을 들은 양길은 크게 분노했다. 아니, 두려워했다는 표현이 더 적합할 것이다. 궁예가 한 나라를 세울 정도로 세력을 키웠다면, 자신과 결코 양립할 수 없을 것은 자명한 일이었다. 뿐만 아니라 언젠가 자신의 기반도 그에게 빼앗기거나 먹힐 것이고, 경우에 따라서는 자신이 죽임을 당할 수도 있는 일이기 때문이다.

양길은 자신이 소유한 30개 성의 군사란 군사는 모두 모아서 배은망덕한 궁예를 치기 위해 출정했으나, 미리 낌새를 챈 궁예가 정예 병력을 모아 양길의 군대를 궤멸시켰다. 대패한 양길의 세력은 궁예에게 흡수되었고, 양길 자신은 죽었는지 살았는지 모른 채 역사에서 사라져 버렸다. 죽었다면 시체도 찾지 못했을 정도로 참혹한 꼴을 당했거나, 아니면 간신히 목숨만 건져 어디론가 도망가 버렸으리라.

양길을 쳐부순 궁예는 거침없이 세력 확장에 나섰다. 항복한 송악의 호족인 왕건王建*을 기병 사령관으로 임명하여 양주와 견주를 손에 넣었고, 다시 그로 하여금 광주와 충주, 당성, 청주, 괴양까지 점령했다. 또한 그 자신도 공암과 검포, 혈구 등지를 복속시키고 상주 주변의 30개 주를 빼앗자, 공주의 장군인 홍기弘奇가 항복해 왔다. 이런 궁예와 왕건의 분투로 인해 후고구려의 영토는 순식간에 신라 전체 영토의 3분의 2를 차지하게 되었다.

하지만 급격한 팽창은 그것을 유지하기 위한 후속 조치를 하지 않으면 불어난 속도만큼 순식간에 무너지고 만다. 궁예도 그것을 잘 알고 있었다. 자신이 세운 나라를 부실한 호족들의 연합체가 아닌, 보다 강력한 중앙집권적 체제로 바꾸려는 계획을 은밀히 세

---

* 고려 왕조의 초대 국왕이다. 송악의 호족 왕륭과 그의 부인 위숙왕후 한씨 사이에서 877년에 태어났으며, 스무 살 되던 896년에 궁예의 휘하에 들어가 후고구려의 장수가 되었다. 궁예의 휘하에서 견훤의 군사를 격파하였고 정벌한 지방의 구휼에도 힘써 백성의 신망을 얻었다. 이후 신숭겸, 복지겸, 홍유, 배현경 등의 장수들을 기반으로 궁예를 축출하고 고려를 건국했다. 고려를 세운 후, 수도를 송악으로 옮기고 불교를 호국신앙으로 삼았으며 신라와 후백제를 합병하여 후삼국을 통일하였다.

우고 있던 궁예는 그 작업의 일환으로 905년, 지금까지의 도읍인 송악을 떠나 자신이 근거지로 삼았던 강원도 철원으로 옮겼다.

미륵불의 현신 _

갑작스러운 수도 천도에 많은 호족들은 우려를 나타냈고, 백성들도 그러했다. 바다와 강을 끼고 있어 물자 수송이 원활했던 송악과는 달리 철원은 산으로 둘러싸인 외진 곳이 아닌가? 그곳에 도읍을 정하고 살려면 송악보다 훨씬 불편한 삶이 예상되는 것은 당연했다. 하지만 궁예는 자신의 결심을 우격다짐으로 밀고 나갔다.

말썽 끝에 철원 천도는 이루어졌지만 호족들의 불만과 반발은 수그러들지 않았다. 송악에 살 때보다 물자 수송이 더 어려워져 불편을 겪게 된 백성들도 불안해하기는 마찬가지였다.

그러자 궁예는 흔들리는 민심을 진정시키고 더 나아가 자신의 권위를 과시하여 호족들을 제압하려는 이벤트를 기획해 내놓기에 이르렀다. 새 왕궁과 누대를 짓는 작업을 모두 마친 궁예는 머리에 금빛으로 된 고깔모자를 쓰고, 몸에는 역시 황금색 법복을 입고는 백마를 타고 백성들 앞에 나아가 철원 한복판에서 거창한 행렬식을 벌였다. 거기에 어린 소녀와 소년들로 하여금 향로와 꽃을 받쳐 들고 자신의 앞을 인도하게 하였으며, 승려 200명으로 하여금 부처를 찬양하는 노래를 부르면서 뒤따르게 하였다. 이런 행사를 벌이면서 궁예는 자신이 세상을 구원하기 위해 온 부처인 미륵불이며, 자신의 두 아들은 그 미륵불을 돕는 청광보살과 신광보살이라고 주장했다.

이 행사가 열린다는 소식은 순식간에 철원 전체로 퍼져 나갔고, 호기심이 동한 사람들은 너도나도 거리로 나가 궁예가 이끄는 장엄한 행렬을 지켜보았다. 궁예가 펼치는 이런 '쇼맨십'은 그 효과는 둘째치고라도 보는 사람들로 하여금 강렬한 인상을 주기에 충분했다.

그러나 이 시점부터 궁예는 서서히 어긋나기 시작했다. 냉철한 이성과 동물적인 감각으로 무장한 채 세상을 누비던 청년 야심가는 어느새 신비주의에 빠진 전제군주로 변해가면서 서서히 이성을 잃어가기 시작했던 것이다.

그래도 그의 방식이 결코 나쁘기만 한 것은 아니었다. 신라의 왕들도 왕권 강화를 위해 왕이 곧 부처王即佛라는 사상을 설파하기도 했고, 백성들 절대 다수가 불교 신자인 현실에서 미륵불을 주장하는 것은 상당한 설득력이 있는 일이었다.

궁예와 비슷한 과정을 거쳐 권력을 잡은 인물이 있으니 바로 중국 명나라의 태조 주원장朱元璋, 1328~1398*이다. 궁예처럼 주원장도 떠돌이 승려에서 도적단인 홍건적에 들어갔으며, 세력을 불리다 자신을 키워 준 원래 주인들을 제거하고 나라를 세웠다. 궁예가 지방 호족이나 신하들을 탄압하여 전제적 중앙집권제를 시도한 것처럼, 주원장 역시 황제가 되자 개국공신을 비롯하여 무려 10만 명의 신하와 그 가족들을 대량 학살하여 무소불위의 전제군주가 되었다. 궁예가 불교의 신통력을 내세워 호족과 신하들을 통제하려 했다면, 주원장은 문자를 통한 언론 통제로 지방 세력과 신하들을 공포에 떨게 했다. 종교적 수단인 신통력보다는 행여 자신을 욕하는 문자를 찾아내 꼬투리를 잡는 주원장 쪽이 더 세련된 방식이기는 하지만.

승려였던 궁예는 백성들에게 자신의 신비주의적 통치를 합리화시키기 위해 직접 불경 20권을 지었고, 그 내용을 백성들에게 설법하여 들려주었다. 그리고 당시 불교계의 거두인 고승 석총을 불러 자신이 쓴 불경을 주며 읽어 보도록 했다. 석총이 궁예가 지은 불경을 보고 감명을 받아 긍정적으로 평가한다면, 궁예 역시 석총을 위시한 불교계에 혜택을 주어 그들과 좀더 긴밀한 관계로

---

* 중국 명나라의 초대 황제이다. 태어났을 무렵의 이름은 주중팔重八, 후에 주홍종朱興宗으로 개명해, 홍건군에 참가하는 무렵에는 주원장朱元璋으로 개명했다. 홍건적의 난 때 두각을 나타내 각지 군웅들을 굴복시키고 명나라를 세웠다. 동시에 북벌군을 일으켜 원나라를 몽골로 몰아내고 중국의 통일을 완성, 한족 왕조를 회복시킴과 아울러 중앙집권적 독재체제의 확립을 꾀하였다.

맺어져 통치에 더욱 유리한 위치를 차지할 수 있게 된다.

그러나 그런 궁예의 예상을 깨부수고 석총은 "이것은 모두 사악하고 괴상한 이야기들뿐이어서 사람들에게 가르칠 만한 것이 못 됩니다"라고 혹평을 했다. 《삼국사기》나 《삼국유사》에는 이 말을 듣고 분노한 궁예가 그를 철퇴로 내리쳐 죽였다고 하는데, 믿기지 않지만 어찌되었든 궁예가 계획한 불교계와의 협력은 이로 인해 무산되고 말았다.

석총 사건으로 궁예가 하는 일은 모두 삐걱대기 시작한다. 아무리 왕이라고는 하나, 명망이 높은 고승을 그런 식으로 무참하게 죽인 일은 그에 대한 평판을 크게 떨어뜨렸다. 더구나 그로 인해서 궁예가 추진하던 미륵불 홍보 이벤트의 효과도 말짱 도루묵이 되어 버렸다. 자신을 부처라고 하면서 그 부처를 섬기는 고승을 죽였으니, 누가 궁예의 말을 귀담아 듣겠는가?

그래도 철원으로 도읍을 옮긴 지 6년 후인 911년에는 국호를 태봉泰封으로, 연호를 수덕만세水德萬歲로 고쳤으며, 다시 3년 후인 914년에는 연호를 정개政開로 고치는 등 혼란한 민심을 수습하려 노력했지만 다음과 같은 사건으로 모두 무산되고 만다.

학정, 그리고 비극적 친후 _

궁예의 부인은 강씨라는 여인이었다. 호족 가문 출신일 것으로 추정되는 이 여인은 평소부터 궁예가 하는 일에 자주 반대하고 나서 궁예는 내심 그녀를 매우 불쾌하게 여기고 있었다. 그런데 궁예는 어느 순간부터 그녀가 하는 일이 단순히 그녀 자신의 개인적인 감정에 따른 것이 아니라 그녀의 친정인 호족 가문 전체의 뜻으로 보기 시작했다.

사실, 궁예의 판단이 완전히 틀린 것은 아니다. 그들의 결혼이라는 것이 애정으로 만난 일반 개인의 결혼이 아니라 권력을 갖기 위한 신구 지배층 간의 정략에서 비롯된 일이었기 때문이다. 훗날, 조선시대 사도세자가 뒤주에 갇혀 죽었던 일의 배후에도 그의 아내인 혜경궁 홍씨를 내세워 권력을 장악하려 했던 풍산 홍씨 가문의 의도가 도사리고 있었다고 한다.

궁예는 그녀와 친정인 호족 가문이 자신을 반대하려 한다는 것으로 해석하고는 극단적인 방법을 택하게 되었는데, 강씨가 다른 남자와 간통했다는 죄목을 덮어 씌워 그녀를 죽이고 말았다. 그런데 그 방법이 참으로 잔혹했으니, 뜨겁게 달군 쇠몽둥이로 그녀의 음부를 지져 죽였다. 그리고 그녀와의 사이에서 낳은 두 아들, 청광보살과 신광보살이라며 추켜세웠던 아이들마저 모두 죽이기에 이르렀다.

호족은 물론이고 일반 백성들도 충격을 받았지만, 궁예 자신도 가족들을 모두 죽인 뒤 마음이 편했을 리 없었다. 갑자기 잔혹해진 자신의 마음을 추스르고 정당화하기 위해서 궁예는 그것을 정치적인 일이었다고 변명했다. 그러나 주변 사람들을 항상 의심하고 행여 자신에게 반란을 일으키려 한다는 생각이 들면 즉각 체포하여 죽이곤 했다.

궁예를 연구하는 많은 사람들은 궁예의 이런 잔혹성이 지나치게 과장된 것이며, 특히 고려를 건국한 왕건을 돋보이게 하기 위해 조작되었을 가능성이 높다고 말하고 있다. 물론, 그런 점도 없지는 않으나 그렇다고 궁예가 인자하고 자비로운 인물은 결코 아니었다. 신라 말의 혼란한 사회상을 온몸으로 맞부딪치며 헤치고 나온 인물이 자비로웠다면, 궁예는 왕이 되기는커녕 반란군 생활 초기에 누군가의 칼에 목이 잘리고 말았을 것이다.

아무튼 이후로도 궁예는 자신의 통치에 걸림돌이 된다고 여겨지는 호족 세력과 신하들을 제거하는 데 열을 올렸고, 그 때문에 정국은 공포 분위기로 치달았다. 하지만 그런 상황이 언제까지 계속될 수는 없었다.

918년 6월, 궁예 휘하의 장수인 홍유洪儒, 배현경裵玄慶, 신숭겸申崇謙, 복지겸卜智謙 등 네 사람이 서로 은밀히 논의하고는 사람들의 눈을 피해 한밤중에 왕건의 집에 찾아갔다. 그리고 왕건에게 "지금 왕은 자기 마음대로 벌을 남용하여 아내와 아들들에 심지어 신하들까지 마구잡이로 죽이고 있으니, 백성들은 불안하여 안심하고 살 수가 없습니다. 폭군을 몰아내고 지혜로운 임금을 세우는 것은 예로부터 전해져 온 법도이니 저희들은 장군께서 그렇게 해주시기를 바랍니다"라고 말을 건넸다. 다시 말해서 왕건에게 궁예를 몰아내고 새 임금이 되어 달라는 부탁이었다.

그 말을 들은 왕건은 펄쩍 뛰며 손사래를 저었다.

그게 무슨 소리요? 아무리 임금이 포악하다고 해도 어찌 신하된 자가 임금을 쫓아낼 수 있다는 말이오? 그건 역적이나 하는 짓이오. 나는 그렇게 할 수 없소.

하지만 네 장수들은 물러서지 않고 계속 그를 부추겼다.

지금 정치가 어지럽고 나라가 위태로워 백성 모두가 왕을 미워하는데, 이때가 아니면 어느 때이겠습니까? 더구나 이대로 가만히 있다가 장군께서 임금에게 해를 당하실지 누가 알겠습니까?

그들의 말이 옳았다. 실제로 왕건은 예전에 궁예에게 모반의 혐의가 있다는 이유로 죽을 뻔한 적이 있었다. 비록 학사 최응崔凝, 898~932의 기지로 살아나기는 했지만 왕건은 그때 일만 떠올리면 온몸이 덜덜 떨리곤 했다. 지금 나라 안에서 궁예에 도전할 정도의 실력과 명망을 가진 자는 자신 이외에는 없다. 이런 판국에서 궁예가 어느 날 왕건을 다시 의심하게 된다면 그때도 과연 무사히 살아남을 수 있으리라는 보장이 없지 않은가?

네 장수들의 간곡한 부탁에 왕건의 마음은 움직였고, 드디어 궁예에 맞서는 봉기를 하기로 결심했다. 그들의 요청에 동참할 것을 선언하자, 장수들은 크게 기뻐하며 그를 호위하며 대문으로 나아가서 "왕공께서 마침내 일어나셨다!"라고 크게 외쳤다. 이미 그들이 데려온 군사들은 그 말을 듣고 크게 환호했고, 한밤중에 놀라 일어난 사람들은 군사들의 입을 통해 왕건이 궁예를 몰아내기로 했다는 말을 듣고는 집에서 뛰쳐나와 북을 치거나 고함을 지르며 왕궁으로 몰려갔다.

곤하게 자고 있던 궁예는 갑작스러운 소리에 놀라 어쩔 줄을 몰랐다. 사람을 보내 알아오게 했더니 그 수가 헤아릴 수 없이 많다는 소리에 다시 한 번 놀랐다. 수십 명 수준이라면 근위 군사로 가볍게 제압할 수 있지만, 지금은 그 정도가 아니다. 게다가 어찌된 일인지 근위 군사들도 싸울 뜻을 별로 보이지 않고 있었다. 오히려 궁의 문을 열고 그들을 맞아들이는 것이 아닌가?

왕궁은 순식간에 왕건을 추종하는 세력들에 의해 장악당했다. 더 이상 여기서 버티고 있다가는 목숨이 위태롭다. 궁예는 용포를 벗고 농민들이 입는 허름한 옷으로 갈아입고서 재빨리 궁을 빠져나갔다.

일개 승려 출신에서 왕이 되었다가 하루아침에 외로운 도망자로 전락한 궁예는 그렇게 권력과 인생의 무상함을 한탄하며 정신없이 달아나 산속으로 숨었다. 그의 최후는 확실치 않은데, 《삼국사기》와 《삼국유사》는 익지 않은 보리 이삭을 먹다가 백성들에게 살해되었다고 기록되어 있지만, 다른 기록에 따르면 왕건의 군사들에게 죽임을 당했다고 한다. 내 생각에는 후자 쪽이 더 옳은 것 같다.

자신을 받아준 양길의 도움을 받다가 그를 제거하고 권력을 잡았고, 역시 자신이 받아준 왕건의 배신으로 죽음을 맞이한 그의 인생 역정은 실제 역사가 공상 속의 드라마보다 더욱 극적이라는 사실을 보여 준다.

죽은자와의 인터뷰

작가_ 벌써 몇 년이 흘렀습니다. 선생이 주연급으로 나왔던 드라마 〈태조왕건〉이 아직도 기억에 생생하군요. 당신을 역사의 중심인물로 조명했던 드라마는 그게 처음이었을 겁니다. 나뿐만 아니라 드라마를 보던 많은 사람들도 당신이 주는 카리스마에 푹 빠져들었습니다.

궁예 _____ 다 지난 일일 뿐이오. 아무튼 내 행적이 주목을 받았다니 기분이 좋기는 하오.

작가_ 솔직히 한국사에서 선생이 차지하는 비중은 결코 적지 않은데, 그동안 지나치게 홀대받고 부정적으로만 매도되어 왔다고 봅니다.

궁예 _____ 어쩌겠소. 역사가 나를 배신한 왕건이 세운 나라에서 쓰여졌기 때문이겠지. 나에 대해 그들이 어떻게 쓰든 그들 마음이라고 생각하오.

작가_ 하지만 선생이 한 일들이 모두 옳았던 건 아닙니다. 아무리 정치적인 문제가 있었다고는 해도, 자신의 아내와 아이들을 죽인 것은 분명 잔혹한 처사 아닙니까?

궁예 _____ 그렇소. 그 점에 관해서는 입이 열 개 있어도 할 말이 없소.

작가_ 도대체 무슨 생각으로 그런 일을 벌인 것입니까?

궁예 _____ 당시 내가 너무 신경질적이고 과민해 있었소. 철원으로 도읍을 옮기고 나서 호족들이 하도 내가 하는 일마다 반대를 하는 통에 짜증이 날 대로 나 있었지. 거기에 왕비마저 그들과 한통속이 되어 내 일에 딴죽을 거니 내 입장에는 아내가 아니라 호족들의 앞잡이로 밖에 안 보였다오. 극단적인 선택이었지만, 어쩔 수 없이 그런 일을 해야 했지.

작가_ 그렇다 해도 어린 두 아들을 죽일 필요까지야 없었던 것 아닌가 싶습니다.

궁예 _____ 내가 제정신이 아니었소. 정말 죄스러울 뿐이오.

작가_ 좋습니다. 그건 그렇고, 선생은 대체 어떻게 최후를 맞이하셨습니까? 책들마다 다 다르게 기록되어 있어서 무엇이 진실인지 알 수가 없습니다.

궁예 _____ 내가 이삭을 먹다 백성들에게 맞아 죽었든, 왕건이 보낸 군사에게 살해되었든 그게 뭐가 대수겠소? 어차피 나는 역사라는 무대에서 패배자였고, 배신당해 몰락했으니 말이오.

작가_ 그렇긴 하지만 실패했느냐 성공했느냐만으로 판단 기준을 가르는 것은 너무 무미건조하지 않습니까?

궁예 _____ 그래. 내가 비록 배신으로 인해 최후를 맞이하긴 했지만, 신라 말기의 대혼란 속에서 한 몸을 일으켜 역사의 흐름을 바꿔 놓은 점도 있다는 것을 기억해 주면 고맙겠소.

05

고려를 쇠망으로 내몬
30년 무인 독재 정권의 시초

- 최충헌崔忠獻 -

최충헌崔忠獻(1149~1219)

고려시대 무신이자 최씨 무신 정권의 첫번째 독재자이다.

1196년 권신 이의민을 미타산에 있는 그의 별장에서 죽인 뒤에 그 머리를 저자에 효수케 하는 한편,

군사를 모아 이의민 아들들의 가병을 물리치고는 명종을 움직여 이의민의 삼족과 그 일당을

모조리 잡아 죽였다. 이어 평량공을 왕위에 앉히고 최씨 무단정권을 확립했다.

한국사의 가장 굴욕적인 순간 중 하나인 몽골군의 침입과 그에 따른 고려의 복속은 어디에서 비롯되었을까? 직접적인 이유는 고려가 몽골과의 전쟁에서 패배하고 무릎을 꿇은 것이지만, 그 원인을 찾아 올라가면 정통성 없는 무단적인 독재 정치로 원활한 전쟁 수행을 할 수 없게 만들었던 최씨 정권의 농단이 있다. 그리고 그런 최씨 정권을 연 장본인이 바로 최충헌이었다.

1149년, 상장군 최원호崔元浩와 상장군 유정선柳挺先의 딸인 유씨 부인 사이에서 태어난 최충헌은 22세에 하급 관직인 정8품 양온령을 지내며 평탄하지만 다소 따분한 삶을 살았다.

그러던 중, 1170년 무신의 난이 발생해 수많은 문관들이 살육당하고 왕마저 폐위되는 초유의 사태가 벌어지자 그의 인생은 송두리째 뒤바뀌게 되었다. 여태까지 고려의 중추 지배 세력인 문관들이 대량 학살당하고, 이고나 이의방李義方 같이 낮은 직위에 머무르던 무관들이 하루아침에 출세하여 고관이 되는 모습은 최충헌에게 큰 충격을 주었다.

하급 무관의 인생역전 _

무신의 난 이후, 최충헌은 양온령 자리를 버리고 스스로 군대에 들어가 하급 무관이 되었다. 어차피 무인들이 득세하는 세상에서 하급 문관 직에 있어 봐야 출세는커녕 자칫 생명마저 위험한 판국이었다. 무신들이 득세하는 난세이긴 하지만, 난세라는 것은 야심과 재능이 있는 자에게는 크게 날아오를 수 있는 기회이기도 했다.

군관이 된 최충헌은 1176년 조위총^{趙位寵}*의 난이 일어났을 때, 기탁성^{奇卓成}이 이끄는 진압군에 자원하여 들어가 많은 전공을 세웠고, 섭장군^{攝將軍}의 지위를 받았다. 무인으로서의 재능을 인정받은 그는 이후, 승승장구하며 조정에서 중역의 지위를 누리며 살았다.

그동안 고려의 정치 판도는 급변하고 있었다. 무인 정권의 선두 주자인 이고가 다른 경쟁자들을 제거하려는 음모를 꾸미다 이의방에게 죽임을 당했고, 이의방은 다시 정중부^{鄭仲夫}의 아들인 정균에게 살해당했으며, 권력을 독단한 정중부 일가는 청년 장수 경대승^{慶大升}에게 모조리 쓸려나갔다. 그러나 경대승은 국왕과 고위 무관들로부터 배척을 받아 별다른 힘을 얻지 못하고 있다가 4년 후에 병으로 사망했다. 그가 죽자 경주에 도망가 있던 이의민^{李義旼}이 상경하여 조정의 실권을 모두 장악하기에 이르렀다.

전임 집권자들보다 더욱 강력한 권력을 쥔 이의민은 국왕을 압도하는 위세를 떨치며, 백성들로부터 악착같이 부를 긁어모아 매

---

* 고려시대의 문신으로 무신정변이 일어나자 1174년에 반란을 일으켰으며, 서북면의 성 40여 개가 이에 호응하였다. 이후 관군의 위협이 계속되자 금나라에 사신을 보내 원병을 요청했으나 실패하며, 서경이 함락된 뒤 관군에게 살해당한다.

일을 술과 여자에 빠져 살았다. 그의 아들들도 백성을 상대로 온 갖 폭력과 횡포를 자행해 심한 원망을 사고 있었다.

이의민의 전횡이 갈수록 심해지면서 왕실과 귀족 등 권력층 내부에서도 그에 대한 비판적인 여론이 형성되고 있었다. 역사에서는 단순히 최충헌의 동생 최충수崔忠粹가 자신이 기르던 비둘기를 가로챈 이지순(이의방의 아들)과 싸우다 이를 빌미로 그를 죽이겠다는 결심을 한 것으로 되어 있지만, 냉정한 승부사인 최충헌은 사태가 돌아가는 모습을 정확히 읽어내면서 대담한 결심을 하기에 이르렀다. 자신이 이의민을 제거하더라도 왕실과 귀족층이 크게 반발하지 않을 것이고, 잘하면 그들의 승인을 얻어 이의민의 자리를 대신할 수도 있다는 판단을 내린 것이다.

1196년 4월, 최충헌은 동생 최충수 및 조카 박진재와 함께 미타산의 별장에 은거해 있던 이의민을 기습해 그를 죽였다. 그리고 급히 개경으로 돌아와 왕인 명종明宗에게 이 사실을 알렸다. 명종은 최충헌 일행에게 그들의 행동이 충성에서 우러나온 것이라며 치하했다. 왕으로부터 긍정적인 반응을 얻었으니 이는 최충헌이 일으킨 정변을 승인한 셈이나 같았다.

이의민의 아들들이 사병을 이끌고 개경에 쳐들어 왔으나, 국왕의 승인을 받은 정부군과 최충헌 일행이 지휘하는 사병들에게 격파당했고 얼마 후 그들 역시 아비처럼 제거되고 말았다.

이로써 지난 10년 동안 이의민이 장악하고 있던 실권은 최충헌과 최충수에게 넘어갔다. 하지만 권력은 부자 사이에도 나누어 가질 수 없는 것이 만고불변의 진리였다. 최충수는 곧 형의 권세를 질투하여 자신의 딸을 왕자에게 시집보내 왕가와 사돈을 맺으려하다 이를 반대하던 최충헌과 결국 사병까지 동원한 싸움 끝에 죽임을 당했다.

킹을 능가하는 킹메이커 _

권력을 계속 장악하기 위해 피를 나눈 친동생까지 죽인 비정한 최충헌은 이제 거칠 것 없는 행보를 시작한다. 우선, 국왕인 명종을 늙고 병들었다는 이유로 쫓아내고, 그의 동생인 평량공平涼公을 새 왕인 신종神宗으로 앉혔다. 하지만 신종도 워낙 늙은 몸이라 오래 왕위에 있지 못하고 6년 후에 사망한다. 그러자 최충헌은 1205년 그의 아들인 희종熙宗을 왕위에 앉힌다.

비교적 젊은 왕이었던 희종은 신하이면서 왕보다 더 큰 권세를 휘두르던 최충헌의 전횡에 분개하여 그를 죽일 음모를 꾸민다. 1211년, 최충헌은 희종을 만나려 왕궁을 찾아갔다가 궁 안에서 무장을 한 승려들에게 습격을 당한다. 놀란 최충헌은 국왕이 있는 방 앞으로 급히 달려가 "부디 주상께서는 신을 구해 주소서!"라고 외쳤지만, 희종은 문을 닫아 잠근 채 싸늘한 침묵으로 일관했다. 그는 최충헌의 위기를 알면서도 외면한 것이다.

다급한 최충헌은 숨을 곳을 찾다가 지주사 다락으로 도망쳐 숨었다. 승려들이 쫓아와 방을 뒤졌지만 다행인지 불행인지 그는 발각되지 않았다.

이 소동이 어떻게 궁 밖에 알려졌는지, 밖에서 대기하고 있던 최충헌의 부하들이 칼을 빼들고 궁 안으로 달려와 승려들을 죽이고 최충헌을 찾아냈다. 하마터면 죽을 뻔했던 최충헌은 이 음모에 관련된 자들을 모두 색출해서 죽이거나 귀양을 보냈고, 최종적으로 국왕인 희종에게도 그 책임을 물어 유배시켜 버렸다. 신하가 왕을 쫓아내 버리다니, 정상적인 나라에서라면 상상하기조차 힘든 일이지만 이 무렵 고려의 최고 권력자는 왕실이 아닌 최충헌이었기에 가능한 일이었다.

희종을 쫓아낸 최충헌은 바로 새로운 왕을 옹립하는데, 이미 자신이 쫓아냈던 명종의 아들인 강종康宗이었다. 그런데 강종도 나이가 환갑이 넘은 노인이어서 고작 1년 남짓 왕노릇을 하다가 죽었다. 그래서 최충헌은 강종의 태자인 고종高宗을 왕위에 앉혀 놓고 자신이 실권을 장악하며 나라의 모든 일을 마음대로 처리했다. 무려 네 명이 넘는 왕을 자기 마음대로 앉히고 쫓아낸 최충헌은 명실상부한 킹메이커였다. 아니, 그가 고려의 진정한 왕이었다.

그러나 절대 권력이 반드시 부패한다는 것은 변하지 않는 역사의 법칙이다. 이렇게 무소불위의 횡포를 부리던 최충헌은 급속히 타락하고 있었다. 자신에게 뇌물을 가져와 아첨하는 자에게 관직을 주는 매관매직을 일삼았고, 그 재물로 엄청난 재산을 모아 자신의 집을 왕궁보다 더 화려하게 꾸미고 호화로운 생활을 즐겼다. 특히 활동리活洞里에 별장을 새로 지을 때는 인근 백성들이 사는 민가 수백 채를 강제로 부수고 그 자리에 짓는 바람에 집을 잃고 쫓겨난 백성들로부터 심한 원성을 샀다.

이밖에도 자신의 권력 독점이 많은 사람에게 경계의 대상이 되자 3000명이나 되는 사병들을 모집해 자택에 모아 놓고 자신을 지키도록 하였다. 뿐만 아니라 교정도감敎定都監이라는 정보기관을 설치하고 자신에 대한 반대 여론을 조장하는 사람들을 색출해 감옥에 가두거나 죽이면서 정권 안보에 열을 올렸다. 결국, 최충헌도 그가 타도한 이의민과 똑같은 전철을 밟으며 타락해 가고 있었던 것이다. 다만 이의민보다 정국을 더 강력하게 장악해 권좌에서 쫓겨나지 않았다는 점만이 다르다.

무관의 비열한 최후 _

세상이 어떻게 돌아가는지도 모른 채, 부귀영화를 누리고 있던 최충헌에게 어느새 북녘에서 찬바람이 불어닥치고 있었다. 1206년, 몽골제국을 세운 칭기즈칸은 1211년 중국 북쪽을 차지하고 있던 금나라를 공격했다. 날렵하고 사나운 몽골군의 공세 앞에 금나라는 속수무책으로 당하기만 했으며, 복속되어 있던 거란족들은 이 사태를 목도하고 요동치기 시작했다. 1216년, 그들은 몽골군의 침략을 피해 대거 고려로 달아나 넘어왔다.

당시 거란족들은 고려 초기의 침공군처럼 잘 훈련된 대규모 군대가 아닌 춥고 배고픈 난민 집단에 불과했다. 따라서 중앙의 정예 군단을 출정시키면 어렵지 않게 제압할 수 있었다.

그러나 최충헌은 자신과 정권의 안위만을 생각하여 날래고 용감한 병사를 모두 자신의 가병으로 편입시켰고, 거란족을 막기 위한 정부군에는 늙고 병든 군사들만 보냈다. 행여 "전선으로 나가 거란족을 쳐부수고 불쌍한 백성들을 지키기 위해 싸우고 싶습니다"라고 사병들이 건의를 올리면, 그들을 모두 붙잡아 섬으로 귀양을 보내 버렸다. 그 덕분에 고려군은 거란족을 제대로 저지하지 못했고, 거란족들은 고려의 북방을 마음껏 활개치며 가는 곳마다 약탈과 살인을 일삼았다.

일선의 장수들이 속히 고려의 중앙군을 투입시켜 달라는 전갈을 빗발치게 보내도, 최충헌은 혹시 대군을 편성하면 반란이 일어나지 않을까 하는 불안한 마음에 계속 거부하다 거란족이 수도 인근과 강원도 남부까지 쳐들어오자 그때서야 겨우 중앙군을 편성해 보냈다. 하지만 그조차 원래의 규정보다 절반이나 적은 숫자였다.

이러한 최충헌의 비열한 작태에 분개한 손영孫永 등의 장교들이 술을 마시며 현실을 개탄하자, 최충헌은 얼른 군사를 보내 그들을 잡아 모두 처형시켰다. 행여나 그들의 발언이 도화선이 되어 백성들의 분노에 불을 지필 것을 우려한 조치였다.

결국, 거란족의 난동은 몽골 및 동진국과 연합 전선을 펼친 뒤에야 겨우 해결될 수 있었지만 외적의 침공을 당하고도 국토 방위보다 자신의 권력 보호에만 신경을 쓴 최충헌의 행태는 두고두고 비판받아야 마땅하다.

1219년, 최충헌은 71세의 나이로 사망했다. 하지만 생전에 단단히 다져 놓은 정권의 기반은 흔들리지 않았고, 그의 뒤를 이어 아들인 최우가 집권하며 약 40년 동안 고려를 통치하는 최씨 무신 정권을 열게 된다.

최충헌과 마찬가지로 아들인 최우도 몽골군의 침략에 제대로 대응하지 못한 채 그저 강화도로 도읍을 옮겼고, 백성들이 침략군의 창칼에 죽어 나가는 와중에도 술잔을 기울이며 태평성대를 노래할 뿐이었다. 모두 아비가 한 짓을 보고 배운 것이다.

어떤 사람들은 최충헌의 과단성 있는 통치로 고려가 몽골의 침략을 받고도 40년 동안이나 저항할 수 있었다고 긍정적으로 평가하기도 한다. 하지만 이는 엄연히 사실과 다르다. 애초에 정통성이 없이 폭력으로 시작된 권력이었기에, 최충헌은 집권하고 나서 오직 권력의 안위만을 염두에 둘 수밖에 없었다. 오히려 백성들을 지키기 위해 전쟁터로 보내 줄 것을 자원한 무사들을 붙잡아 유배를 보내는 상식 이하의 짓도 서슴지 않았다.

이로 인해 고려는 대몽항쟁을 거치면서 몽골의 힘을 빌려서라도 무신 정권을 타파하려는 왕실과 몽골과의 가망성 없는 전쟁을 계속 이어나가 권력을 연장하려는 최씨 정권 사이의 내분에 휩싸였고, 그 때문에 제대로 된 항쟁을 펼칠 수 없었다. 결국 몽골과 결탁한 왕실로 인해 무신 정권은 무너졌지만, 그 대신 고려는 약 100년 동안 몽골의 속국이 되는 비참한 신세를 당해야 했다.

당시 세계를 석권한 몽골제국에게 고려가 굴복하는 것은 자명한 결과라고 할 수도 있지만, 일본이나 베트남 및 유구^{현재의 일본 오키나와}처럼 몽골의 침략에 효과적으로 대응한 나라들의 경우를 본다면 최씨 정권은 국난 극복에 도움이 되기는커녕 막대한 피해만 입혔다고 봐야 할 것이다.

죽은자와의 인터뷰

작가_ 2004년에 방영되었던 KBS 드라마 〈무인시대〉에는 선생이 무슨 위대한 애국지사인 것처럼 나왔지만, 실상은 정반대였던 것 같습니다. 권력을 지키는 데만 혈안이 된 늙고 교활한 독재자, 그게 선생의 진짜 모습인 것 같습니다.

최충헌 _____ 드라마를 보고 역사를 판단하다니 그거야말로 잘못이지. 드라마는 대중의 구미에 맞춰 얼마든지 조작될 수 있는 매체란 말이오. 〈불멸의 이순신〉이나 〈바람의 화원〉은 어떻소? 그것들도 역사적 고증에서 맞춰 보면 틀린 곳이 한두 군데가 아니오.

작가_ 그 말은 맞습니다. 하지만 거란족과의 전투에서 당신이 보인 행동은 너무나 치사했습니다. 용감한 병사들은 전부 자기 사병으로 편입시키고, 늙고 힘없는 군사들만 전쟁터로 보낸 채 행여나 전쟁터로 나가게 해달라는 사병이 있으면 섬으로 유배를 보내다니 말입니다.

최충헌 _____ 너무 내 욕만 하지는 마시오. 나보다 훨씬 먼저 정권을 잡은 이의방도 조위총의 반란을 진압하려 군대를 보냈다가 반란이 일어나 죽지 않았소. 그러니 그 과정을 기억하고 있는 나로서야 반란에 민감할 수밖에 없었단 말이오.

작가_ 선생은 왕도 아니면서 왕을 마음대로 갈아치우고, 국가의 대사를 좌지우지했습니다. 심지어 매관매직까지 서슴지 않았고요.

최충헌 _____ 원래 독재자들이란 다 그런 것 아니오? 나도 어쩔 수 없었소.

작가_ 하긴, 무인정권이란 게 고려 문벌 사회의 구조적인 병폐에 대한 반작용으로 탄생했으니 너무 선생만 몰아붙일 수는 없지만 그래도 선생이 저지른 잘못은 결코 상쇄될 수 없다고 생각합니다. 고려가 몽골과의 전쟁에서 패배하고 쇠망의 길로 접어들게 된 동기는 따지고 보면 당신이 이룩한 최씨 무신 정권의 업보가 아니겠습니까?

최충헌 _____ 난들 그렇게 될 줄 알았겠소. 하지만 나는 그저 당시의 현실과 입장에 충실했을 뿐이오.

06

포악무도한
독재자의 아들

- 최항崔沆 -

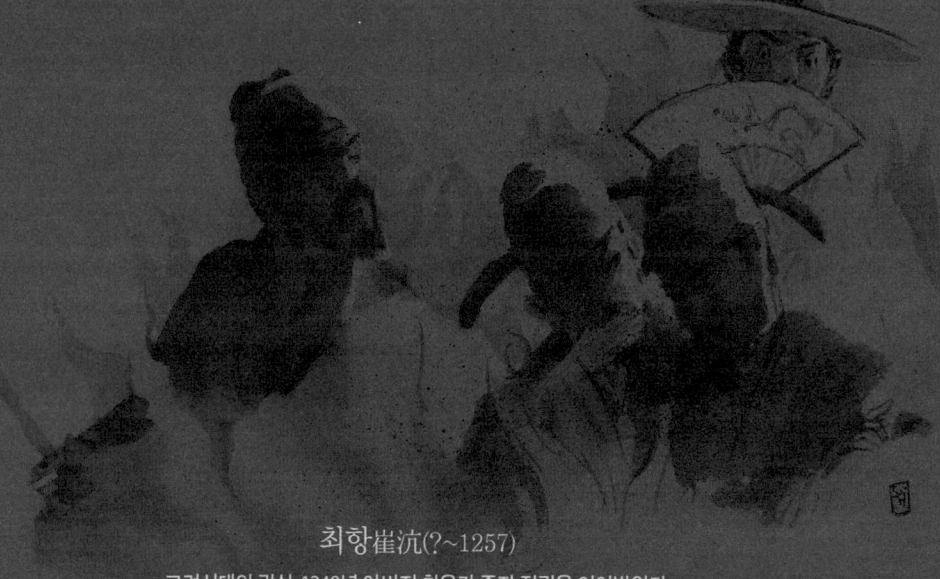

최항崔沆(?~1257)

고려시대의 권신. 1249년 아버지 최우가 죽자 정권을 이어받았다.

전 추밀원부사 주숙, 계모 대씨 등을 죽이고 김효정 등을 귀양 보내는 도중에 죽였으며,

장군 최종필, 나주 부사 이균 등을 귀양 보냈다. 집권 초에는 각 지방의 별공과 어량을 면제하고

교정도감을 개혁하는 등 인심을 얻으려고 애썼으나 점차 사치와 향락에 젖어들었다.

사후에 진양공에 추증되었으며, 원종 때에 그의 고택이 철거당했다.

역사에서는 흔히 찾아볼 수 있는 일이지만, 부패하고 타락한 독재자의 아들들은 보통 그 아비를 닮아 탐학한 삶을 살며 악명을 떨치기 마련이다. 고려 말의 무인 집권자들도 예외가 아니었으니, 그중 제일 악질적인 인물을 꼽으라면 최항을 들 수 있다.

최항은 최충헌이 연 최씨 무인 정권의 3대 계승자로 본명은 만전萬全이며 최우의 아들로 태어났다. 출생한 연대는 정확히 알 수 없으며, 그의 어머니는 특이하게도 기생인 서련방瑞蓮房이었다. 최우는 여러 아내를 거느렸지만, 이상하게도 정처에게는 아들을 보지 못하고 첩에게만 만종萬宗과 만전 등 두 아들을 보았다.

차별받는 반항아 _

왕족과 귀족이 지배하는 신분 질서가 확고했던 고려의 정계에서 어머니가 기생이라는 것은 매우 큰 약점으로 작용했다. 최우도 그 점을 잘 인식하고 있었다. 만일, 천한 핏줄인 아들 중 한 명에게 권력을 물려줄 경우, 그것이 약점이 되어 제대로 통치력을 발휘하기가 어렵고, 왕실이나 귀족들로부터 얕잡아 보이기가 쉽다.

반면, 최우 자신의 사위인 김약선金若先은 매우 유능한 인물이었고, 그 동생인 김경손金慶孫은 귀주성에서 몽골군을 격퇴하고 백제부흥 반란을 진압하여 명성이 높았다. 이런 사실을 감안하여 최우는 사위에게 병병兵柄을 전하려 했다. 병병이란 글자 그대로 해석하면 군사의 손잡이란 뜻인데, 군사권을 의미한다. 부나 혈통이 아닌 오직 군사력으로 정권을 장악한 최씨 무인 정권에게 군사권은 곧 모든 권력을 총괄하는 것이었다. 즉 최우는 두 아들 대신 사위인 김약선을 후계자로 염두에 둔 상태였다.

하지만 만약 김약선에게 권력을 물려줄 경우, 아들들이 가만히 있으리란 보장이 없었다. 아무리 미천해도 자식은 자식이 아닌가? 한 핏줄인 자신들을 제쳐두고 외부인인 사위에게 권력을 넘겨준다는 것을 그들이 안다면 반란을 일으킬지도 몰랐다.

최우는 고민 끝에 두 아들을 모두 송광사松廣社에 보내 머리를 깎고 중이 되게 했다. 그리고 형인 만종은 단속사斷俗寺에 살게 하고 동생인 만전은 쌍봉사雙峯寺로 보내 살게 했다.

이러한 조치는 두 아들로 하여금 자신들이 아버지의 뒤를 잇지 못한 채 절간에 틀어박혀 염불이나 외우는 중으로 살아야 한다는 뜻으로 받아들여졌다. 그래서 그런지 두 형제들은 승려가 되었음에도 불구하고, 불도의 수행 따위는 내팽개치고 행실이 나쁜 땡중들을 모아 하수인으로 삼고는 백성들을 상대로 악질적인 횡포를 자행하며 살았다. 아버지에게 냉대 받은 울분을 그런 식으로 풀었던 모양이다.

몇 가지 예를 들어 보면, 최항은 자신을 따르는 승려들을 규합하여 수하로 삼고 그들을 시켜 각 사찰들을 점거하여 근거지로 삼았다. 그리고 몽골 기병의 차림을 본 따서 마련한 의복을 입고는 말을 타고 돌아다니며 약탈과 폭행을 일삼았다. 당시 고려인들은 몽골 기병의 위력을 매우 두려워하여 관군인 마별초馬別抄*나 반란군인 초적草賊들까지 모두 몽골 기병의 복식을 모방하는 것이 유행이었는데, 최항도 그런 시류에 따랐던 것이다.

뿐만 아니라 관리를 사칭하여 남의 재산을 빼앗거나 부녀자들을 겁탈하며, 국가로부터 공인을 받은 정식 관리들까지 모욕하고 구타하는 만행까지 서슴지 않았다. 이를 보다 못한 관리들이 두 형제들의 망나니짓을 제지하려고 해도, 최고 권력자의 아들이라는 사실 때문에 처벌할 엄두조차 내지 못했다.

이런 식의 횡포만으로는 재미가 부족했던지 최항은 다른 일에도 손을 댔다. 그는 경상도에서 50만 석의 쌀을 거두어들인 다음 경상도 일대의 백성들에게 나눠주었다. 갑자기 불도를 깨달아 선행을 베푼 것이 결코 아니다. 그는 쌀을 원하지 않던 백성들에게

---

* 고려시대 무신정권의 기병으로, 최우가 몽골의 제도를 참고하여 고종 16년 10월에 창설한 것으로 보인다. 보병인 도방과 함께 최씨 정권의 중요한 무력 기반이었고, 후에는 삼별초의 하나로 통합된다. 화려한 마구와 장식을 갖추고 있어 의장대 역할도 하였을 것으로 추측된다. 최항 이후로는 마별초에 대한 기록이 없어 최씨정권의 몰락과 함께 해체되었는지, 무신정권 몰락시에 해체되었는지 알 수 없다.

까지 억지로 가져가라고 위협하기까지 했다. 도대체 무슨 영문이었을까?

최항의 속셈은 곧 드러났다. 그는 가을이 되자 쌀을 꿔준 백성들에게 자신이 거느리고 있던 문도들을 보내서 빌려준 쌀값과 이자까지 모두 내라고 가혹하게 닦달했다. 백성들은 고통스러워하면서도 최항이 보낸 수하들의 패악질과 횡포에 못 이겨 어쩔 수 없이 원금에 이자까지 지불했다. 그 양이 어찌나 많았던지 조정에 세금으로 바칠 곡식조차 없어, 경상도 지역에서는 한동안 조세가 밀려 세금을 내라는 독촉이 여러 번이나 내려 왔다. 결국 최항의 선행은 일종의 고리대금업이었던 셈이다.

이렇게 탐학과 악행을 저지르며 사람들의 원성을 사고 있던 최항에게 인생을 바꿀 기회가 찾아오기 시작했다. 그것은 그가 스스로 노력한 덕분이 아니라 순전히 시운을 잘 탄 결과였다.

후계를 이어받다 _

자식들의 혈통 문제로 인해 그들을 대신해 사위인 김약선을 후계자로 만들고 있던 최우는 어느 순간부터 그런 판단을 다시 검토하고 있었다. 김약선이 왠지 믿음직스럽지 못하다고 느끼고 있었던 것이다. 과연 아들이 아닌 사위를 후계자로 삼는다고 공표했을 때, 사람들이 자신처럼 그에게 순순히 복종할까? 또, 아들들이 가만히 있을까? 필시 권력을 잡기 위해 김약선을 상대로 싸움을 벌일 것이 뻔하다. 그렇게 될 경우, 최씨 정권은 참혹한 내전에 휘말려 붕괴되고 말 확률이 높았다.

최우은 버려둔 자식 중, 그래도 형보다는 나은 편이라고 여기고 있던 만전을 떠올렸다. 형편없는 녀석이긴 하지만 그래도 자신의 핏줄이 아니던가. 자신이 죽고 나면 가문을 이끌어갈 기둥이 된다. 어미가 기생이라고는 하지만 몸에 흐르는 피의 반은 자신의 것이니 지금이라도 잘 교육을 시키면 자기가 했던 일의 흉내 정도는 그럭저럭 낼 수 있을 것이라는 판단을 내린 최우는 곧바로 쌍봉사에 사람을 보내 최항을 불러들였다.

이에 앞서 최우는 한때, 자신의 후계자로 생각해 두었던 김약선을 제거하고 그 아들인 김미마저 처형시켜 버렸다. 김미는 자신의 딸이 낳은 아들이니 외손자이지만, 권력의 비정함 앞에서 혈육의 정은 부질없는 것이다.

권력 승계의 장애물을 깨끗이 없앤 최우는 아들을 당장 환속시켜 승복을 벗게 한 후, 이름도 만전에서 최항으로 고쳐 주었다. 그러고는 대제待制 이승복과 권위를 시켜 최항에게 글과 궁중 예절을 가르쳤다. 후계자 교육을 본격화하기 시작한 것이다. 또한 오랫동안 자신의 곁을 떠나 있어 권력 기반이 부실한 최항에게 힘을 보태 주기 위해 좌우위상호군左右衛上護軍 호부상서戶部尙書의 관직을 내려 주었다. 1248년 3월의 일이었다.

이로써 최항이 최우로부터 권력을 물려받는다는 사실은 확고해졌다. 최항이 호부상서의 관직을 받자, 모든 왕족과 고위 대신들이 그를 찾아가 축하 인사를 올렸다는 것만 보아도 알 수 있다.

후계자 문제를 매듭지은 최우는 1249년 11월, 영욕 많은 인생을 마감했다. 아버지의 장례식을 치르는 동안 최항은 한 가지 추태를 저질렀는데, 아버지의 애첩들과 정을 통한 것이다. 젊은 시절 무뢰배들과 함께 말을 타고 사방을 횡행하며 처녀들을 납치해 겁탈하던 버릇이 어디 가겠는가.

최우의 장례식이 끝나자 국왕 고종은 최항에게 추밀원부사와 이부, 병부상서 및 어사대부와 교정도감의 장관 등 핵심 요직들을 모두 내려 주었다. 어차피 최항이 최우의 뒤를 잇는다는 것은 확실해졌으니, 신속히 그의 권력 기반을 굳게 다져 주어 그의 협력을 받는 것이 낫다는 계산에 비롯된 일이었다. 이리하여 최항은 명실 공히 최우의 후계자이자 고려의 최고 실권자가 되었다.

권좌에 올랐으니 가장 중요한 것은 자신의 권력을 위협할 수 있는 위험 요소를 모두 제거하는 일이었다. 아버지인 최우가 손을 쓰기는 했지만, 아직 자신에게 위협이 될 만한 세력들이 상당히 남아 있었다. 최항은 권력의 핵심 요직에 있던 전 추밀원부사 주숙周肅과 형부상서 박훤朴暄 및 자신의 계모이자 아버지의 첩인 대씨大氏등을 모두 죽였다. 이때 최항은 결정적인 실수를 저질렀는데, 1차 대몽항쟁 당시 귀주성에서 승리를 거두고 백제부흥운동을 진압한 명장인 김경손金慶孫마저 처형시키고 말았다. 이 소식을 들은 많은 사람이 크게 슬퍼하며, 최항의 어리석은 짓을 원망했다.

이도 모자라 자신과 정을 통했던 아버지의 애첩 30여 명도 모두 먼 섬으로 유배를 보내 그곳에서 죽게 했으며, 처남인 정안마저 "사람의 목숨은 귀한 것인데, 최항은 사람을 너무 많이 죽인다"라는 소리를 했다는 이유로 처형시켜 버렸다. 너무나 비정한 처사가 아닐 수 없다.

무자비한 숙청을 벌였지만 최항이 휘두르는 피의 칼날은 멈추지 않았다. 이미 언급한 대로 최항은 어머니가 기생이라는 사실에 심한 열등감을 느끼고 있었고, 그 때문에 자신을 가리켜 신분이 천하다고 하는 식의 말을 했다는 소리를 들으면 당장 그 발언자를 색출해서 기어이 처형시키는 일을 수없이 저질렀다.

일신의 안위를 위한 선택 _

이러다 보니 최항의 집권기에 사람들은 책을 읽다가도 천(賤)이라는 글자가 나오면 자칫 누가 들을까봐 아예 책을 덮어 버리는 일이 허다했다고 한다(당시에는 지금과 달리 책을 소리 내어 읽었다). 권력자의 포악한 철권통치에 국민들이 겁을 먹고 자발적으로 입을 다문 셈이다. 오늘날에도 이와 비슷한 경향이 존재하는 세태를 보면 예나 지금이나 인간의 속성은 똑같은 모양이다.

1252년, 몽골군의 5차 침입이 시작되자 최항은 전국에 관리들을 보내 평소보다 더 많은 세금을 걷어 갔다. 세금을 걷어야 군비 증강을 하고 나라 살림에 보탬이 될 수 있다지만, 아버지인 최우로부터 상속받은 엄청난 개인 재산은 끝까지 묶어 둔 채 백성들에게만 비용을 부담시키려 한 그의 처사는 뻔뻔하다고 볼 수밖에 없다.

고려를 침공한 몽골군은 전투를 벌이면서도 고려 조정을 향해 "국왕이 강화도에서 나와 원래 도읍인 개성으로 거처를 옮기고, 몽골로 왕자를 보내 속국이 되겠다고 말하면, 고려 땅에서 몽골 군대를 철수시키겠다"라는 출륙환도(出陸還都)를 끊임없이 요구했다.

오랜 전란으로 피폐해질 대로 피폐해진 고려가 당시 세계 최강의 나라인 몽골과 싸워서 이긴다는 것은 도저히 바랄 수 없는 망상이었다. 국왕인 고종과 대신들도, 최항의 전임자인 최우도 그 사실을 인지하고 있었다. 다만, 몽골군의 침입이 끝나기만을 기다리며 강화도에 틀어박혀 세월을 보내고 있을 뿐이었다.

노련한 정치력을 지닌 최우도 해내지 못한 일을 그보다 정치 수완이 떨어지는 최항이 제대로 할 리가 없었다. 더구나 최항은 젊은 시절을 무뢰배들과 어울려 다니며 낭비한 양아치에 불과했다. 그런 최항이 무슨 뾰족한 수가 있어 몽골과의 참혹한 전쟁이나 대몽관계에 획기적인 개선책을 세우겠는가?

전쟁이 끝나기를 바라는 여론의 압력에 못 이겨 최항은 어쩔 수 없이 경기도 개풍開豊의 승천부昇天府에 새 궁궐을 짓고 출륙환도를 하려는 것처럼 꾸미기는 했지만, 막상 고종이 승천부로 가서 몽골 사신을 만나려는 것은 끝까지 반대했다.

겉으로 내세운 명분은 고종과 몽골군이 직접 만났다가는 자칫 몽골군에 의해 해를 당할까봐 이를 막기 위해서라는 것이었지만, 그 속내는 따로 있었다. 최항을 비롯하여 최우 등 무신 집권자들이 가장 두려워하는 사태는 바로 국왕이 몽골과 손잡고 최씨 가문을 타도하는 왕정복고에 나서는 일이었다. 그런 불의의 변을 방지하기 위해 최우는 전 국토가 몽골군의 말발굽에 짓밟히고 수많은 백성이 죽어가는 데도 아랑곳하지 않고 강화도에 틀어박혀 있었던 것이다.

하지만 몽골군의 침입이 한층 격화되면서 조정에는 위기의식이 팽배해졌다. 이대로 가만히 있다가는 언제 몽골군이 배를 타고 강화도까지 쳐들어올지도 몰랐다. 실제로 6차 침입 당시, 몽골군은 군함을 건조해 강화도를 노리려는 시도를 하기도 했다.

최항은 대신들을 모아 오랫동안 회의를 벌인 끝에 결국 고종이 승천부로 가서 몽골 사신과 만나는 일에 동의했다. 고종이 무장한 삼별초들의 호위를 받으며 몽골 사신과 만나기는 했지만, 아직 전쟁이 끝나려면 멀었다. 몽골 측이 요구한 개성천도와 왕자를 몽골에 보내는 일을 끝까지 고려가 이행하지 않고 있기 때문이었다. 영녕공永寧公을 왕자라고 속여 보내기는 했지만, 이 사실이 들통 나는 바람에 하마터면 영녕공은 봉변을 당할 뻔했다.

몽골 측의 엄포가 더욱 거세지고 다시 몽골군의 침입이 가까워지는 판국에 최항은 강화도에서 왕공과 대신들을 모아 놓고 질펀한 잔치나 벌이기를 계속했다. 백성들이 굶주림과 전쟁으로 죽어가는 현실에서 마치 자신은 예외인 것을 자랑이라도 하듯이 말이다.

1254년부터 시작된 몽골군의 6차 침입은 특히 그 피해가 제일 컸는데, 여태까지 강화도 조정이 버텨 온 해안 지대의 조세마저 몽골군의 침략에 끊어질 위기에 처한 것이다. 조세를 받을 수 없게 되자 일반 백성들은 물론이고 조정 대신들에게도 녹봉을 지급하지 못할 정도로 궁핍에 시달렸지만, 최항은 부친인 최우가 비축해 놓은 엄청난 재물 덕분에 여전히 사치와 방탕을 누리며 살았다.

그렇게 속편한 삶을 살던 최항은 1257년 4월, 돌연 사망한다. 죽기 전에 그는 처남인 송서의 집에 살던 하녀와 간통하여 아들 최의崔竩, ~1258를 낳았는데, 이 최의가 그의 뒤를 잇게 된다. 본인도 천출로 태어났으면서 그 고통을 되풀이한 셈이다.

불행히도 최의는 아버지나 할아버지가 가졌던 능력에 훨씬 못 미치는 무능력한 인물이었다. 아버지의 자리를 이은 지 얼마 지나지 않아 최의는 피살되고 60년 동안 무소불위의 권력을 휘둘러온 최씨 가문은 그렇게 무너지고 만다.

죽은자와의 인터뷰

작가_ 젊었을 때는 동네 건달로 살다가 나이 들어서 한 나라의 최고 통치자가 되었다니 참으로 파란만장한 인생이군요. 그런데 선생의 그런 삶은 어디까지나 부친 덕분에 가능한 일이었다고 생각합니다. 만약 당신이 평범한 백성이었다면 진작 체포되어 감옥에서 남은 생을 보냈으리라 생각됩니다.

최항 _____ 음, 나라고 좋아서 그랬던 건 아닐세. 부친이 날 푸대접한다는 생각에 화가 나서 그랬던 거지.

작가_ 그렇다 해도 힘없는 백성들을 상대로 약탈과 강간 같은 만행을 저지르면서 수치스럽지도 않습니까? 그게 모두 당신 아버지와 가문의 위상에 먹칠을 하는 짓입니다.

최항 _____ 그러니까 진작 나를 후계자로 삼았으면 그런 일도 안 생겼을 거 아니오.

작가_ 막상 최우의 자리를 잇고 나서도 선생이 잘했다는 기록은 잘 보이지 않았습니다. 백성들은 난리통에 먹을 것이 없어서 굶어 죽어가고 있는데 하루가 멀다 하고 강화도에서 잔치나 벌이셨죠?

최항 _____ 그럼, 백성들이 굶어 죽는다고 나도 따라서 굶어 죽어야 한단 말이오?

작가_ 그런 이야기가 아닙니다. 백성들 처지를 생각해 몽골과 좀더 일찍 강화를 맺든가, 아니면 당신이 가지고 있는 재산 중 일부라도 풀어서 백성들을 먹여 살리는 방법도 있었습니다. 그런 생각은 왜 하지 못했습니까? 재산 헌납이 그렇게 하기 싫었습니까?

최항 _____ 참 이상한 말을 하는군. 내 아버지와 할아버지가 피땀 흘려 모은 재산을 왜 나눠야 하는건가?

작가_ 선생은 국왕조차 능가하는 고려의 최고 통치자였습니다. 백성들을 충분히 보살필 만한 권력과 부를 가지고 있으면서 그 재산을 그들을 위해서 쓸 생각은 끝끝내 하지 않고 자신만 독차지하려 한다면 올바른 통치자라고 할 수 있겠습니까?

최항 _____ 말이 지나치군. 옛날 같았으면 그냥 확 잡아다가 처형해 버렸을텐데, 요즘은 세상이 참 좋아졌단 말이야.

작가_ 하긴 1000년 가까이 세월이 흐른 지금도 선생과 비슷한 자들이 넘쳐나니 어쩌면 그것이 인간의 본성인지도 모를 일이군요. 수백억이 넘는 재산이 있으면서도 세금을 내기 싫어서 자기 신분을 무직자라고 속이는 파렴치한들도 수두룩하니까요.

최항 _____ 나보다 더하군. 그래도 난 무직자라고 거짓말은 한 적이 없다오.

작가_ 거짓말을 하지 않은 게 아니라 못한 것 아닙니까? 당신 신분에 재산이 없다고 할 수도 없고, 엄연히 관직에 있지 않았소?

최항 _____ 그건 그렇군.

작가_ 아무튼 선생이 몽골의 침략에 제대로 대응을 하지 못했기 때문에 고려 백성들이 당한 피해는 더욱 늘어난 셈입니다. 그건 인정하십니까?

최항 _____ 그만두자고. 나 역시 일이 그렇게까지 될 줄은 몰랐네. 강화도에 있으면 그놈들이 곧 물러날 것으로 생각했다고.

작가_ 그러다 몽골군이 배를 만들어 강화도로 쳐들어오면 어떻게 하려고 하셨습니까?

최항 _____ 이제 그만하시오. 어쨌든 난 내 인생에 후회는 없소. 살아생전 하고 싶은 일 다하면서 한 세상 화끈하게 살았으니 말이오.

작가_ 참으로 뻔뻔하십니다.

07

부자 2대에 걸친 매국노

– 홍복원洪福源, 홍다구洪茶邱 –

홍복원洪福源(1206~1258)·홍다구洪茶邱(1244~1291)

홍복원은 당나라 때 고려로 이주해 온 유민 출신이다.

1231년(고종 18년) 몽골군이 쳐들어오자 서경 낭장으로 있으면서 적에게 항복하였다.

몽골군이 돌아간 뒤 반란을 일으켜 붙잡혔으나 몽골로 도망하여 동경 총관이 되었다.

그 후 몽골이 고려를 칠 때마다 그 앞잡이가 되어 들어오므로 '주인을 무는 개'라 불렸다.

홍다구는 홍복원의 아들로, 몽골에서 태어났다. 어려서 종군하여 원나라 세조의 총애를 받았으며,

1269년 고려왕 원종이 임연을 제거하고자 원나라에 군사 요청을 했을 때 고려에 들어왔다.

죽은 아비의 뒤를 이어 고려 내 친원세력의 거물급 인사가 되었다.

집안 대대로 외세의 앞잡이가 되어 조국을 침략하고도 패가망신은커녕 오히려 부귀영화를 누린 자들이 있다면, 믿기가 쉽지 않을 것이다. 하지만 그런 일이 역사에는 분명히 있다.

고려 중기의 무신인 홍복원은 한국 역사상 가장 큰 외침外侵 중 하나였던 대몽 항쟁기에 적극적인 매국노가 되어 조국에 막대한 해를 끼친 자였다. 그의 집안 내력도 흥미로운데, 그의 아버지인 홍대순洪大純은 평안도 의주의 서남쪽인 인주를 지키다 1219년 몽골군에 밀린 거란족이 고려로 몰려와 강동성을 함락하자 그들에게 항복하였다. 거란족이 몽골과 고려 연합군의 공격을 받고 소멸한 이후에도 홍대순은 용케 처벌받지 않고 예전의 직위를 계속 보존했다. 확실치는 않지만, 최충헌을 비롯한 고위층에 뇌물을 뿌려 생명과 직위를 보존했다고 여겨진다.

몽골군의 고려인 길잡이 _

부계로부터 물려받은 유전자 탓인지, 홍복원도 아버지와 같은 길을 걸었다. 1231년, 살례탑이 이끄는 몽골군 3만 명이 처음으로 고려를 침략했다. 당시, 홍복원은 인주를 지키는 기병 지휘관인 신기도령神騎都領이었는데, 몽골군이 침입하자, 싸워 보지도 않고 성문을 열고 나가 항복하고 만다.

단순히 항복한 것에서 그치지 않고, 홍복원은 몽골군을 위한 길잡이 노릇과 이웃 성에 항복을 권유하는 사절 노릇까지 적극적으로 맡았다. 그런 홍복원의 노고가 무척 가상했는지, 살례탑은 그에게 만호萬戶의 직위를 내리기까지 했다.

항복한 상황에서 몽골군에 적극적으로 협조하지 않으면 살아남을 수 없다는 변명도 가능하겠지만, 긍정적으로 봐주기에 홍복원의 태도는 지나쳤다. 나중에는 아예 몽골군의 일부를 지휘하며 고려군과 적극적으로 싸우는 역할까지 서슴없이 맡았으니 말이다.

교과서에서는 몽골군의 공세를 막아 낸 귀주와 자주성 전투를 크게 싣고 있지만, 사실 몽골군의 1차 침략에서 고려는 명백히 패배하고 불리한 입장에서 강화조약을 맺었다. 안북성에서 몽골군과 교전한 고려 정규군은 절반이 전사하고 성을 빼앗기는 등 궤멸에 가까운 대패를 입었다. 안북성 전투의 패배는 고려 조정으로 하여금, 몽골과의 강화를 서두르는 원인이 되기도 했다.

1차 전투가 끝나긴 했지만, 고려 조정은 여전히 몽골에 대한 불안감을 느끼고 있었다. 서쪽 중원의 정세로 말미암아 다시 그들이 쳐들어올 것이라는 여론이 지배적이었다. 몽골군의 침략에 대비하여 여러 가지 방어 전략이 강구되었는데, 야전에서 막강한 위력을 발휘하는 몽골 기병의 공세에 정면으로 맞서지 말고 기병이 쉽게 도달할 수 없는 높은 산성이나 섬으로 들어가 지구전을 벌이자는 의견이 지배적이었다. 또한, 몽골군이 고려에 심어 놓은 정보원인 다루가치들부터 제거해야 한다는 결론도 나왔다.

서경西京을 지키던 서경낭장西京郎將으로 지내고 있던 홍복원은 조정의 이런 낌새를 눈치 채고 불안해졌다. 다루가치들이 제거된다면, 몽골군에게 앞장서서 항복한 자신의 목숨도 무사할 수 없다. 이대로 가만히 있다가는 다루가치들과 동시에 죽임을 당할 것이 뻔했다. 고민 끝에 홍복원은 자신과 함께 근무하는 필현보畢賢甫를 설득하여 조정에서 파견된 대장군 정의鄭毅를 죽이고 반란을 일으켰다.

이에 조정의 대응은 신속히 이루어졌다. 최고 집권자인 최우는 자신의 사병 3000명을 급히 보내어 서경을 공격했고, 갑작스러운 정부군의 기습에 홍복원과 필현보는 지리멸렬하게 무너졌다. 필현보는 사로잡혔지만, 홍복원은 재빨리 몽골로 달아났다.

체포된 필현보는 개경으로 끌려와 저잣거리 한복판에서 허리가 잘리는 처형을 받았다. 그러나 홍복원의 아버지 홍대순과 아내, 동생 등은 한 명도 죽지 않고 다만 섬으로 귀양을 보내는 수준에서 그쳤다. 무슨 이유 때문인지는 확실히 알 수 없지만, 뒤에 벌어질 일들을 생각해 볼 때, 고려 조정은 홍복원의 일가를 일종의 인질로 삼아 그와 협상을 해보려 한 듯하다.

한편, 몽골로 달아난 홍복원은 동경총관東京摠管의 직책에 임명되었다. 지금의 만주에 있으면서 몽골에 항복하거나 포로로 잡혀

온 모든 고려인을 총괄하는 중책에 해당된다. 고려에 있을 때, 하급 군관에 머물렀던 그로서는 엄청난 출세를 한 셈이다. 자신을 알아준 몽골제국을 위해 이제부터 홍복원은 분골쇄신하여 그 은혜(?)를 갚아야 할 차례였다.

1233년, 몽골군의 2차 침략이 시작되었고, 그 선봉에는 홍복원이 서 있었다. 지난번처럼 단순히 길잡이가 아니라 몽골군의 선발대를 이끄는 어엿한 장수였다. 그로서는 나름대로의 금의환향이었던 격이다. 고향에 돌아온 기쁨을 표출하려는 의도였는지, 홍복원은 몽골군의 선발대 노릇을 충실히 해냈다.

하지만 홍복원이 만끽하던 기쁨은 뜻하지 않게, 무산되고 말았다. 처인성을 공격하던 살례탑이 그만 화살에 맞아 전사하는 바람에 몽골군은 서둘러 본국으로 철수하고 말았다.

2년 후에 다시 시작된 3차 대몽항쟁에서 홍복원은 역시 몽골군의 선발대에 포함되어 지난번에 미처 다하지 못한 자신의 임무를 톡톡히 이루었다. 온수溫水 지역을 공격하다 패하기는 했지만, 그 패배와 상관없이 몽골군은 고려의 전 국토를 휩쓸며 파괴를 자행했다. 경주의 황룡사 9층 목탑*이 불에 타버린 것도 이때였으니

---

* 신라 삼보三寶의 하나로, 645년(선덕여왕 14년) 처음 건축을 시작하여 그해 4월 8일에 찰주를 세우고 이듬해 완공했다는 설도 있는데, 이는 황룡사 구층탑지 심초석心礎石 안에서 도굴된 신라황룡사찰주본기에서 비롯한 것이다. 아홉 개의 층은 모두 신라 변방의 나라들을 가

몽골군이 입힌 피해를 짐작케 한다.

영녕공의 등장 _

몽골군의 파죽지세 같은 공격에 고심하던 최우는 고민 끝에 회유책을 쓰기로 했는데, 몽골 진영 내부에서 고려와 유일하게 끈이 닿아 있는 중심인물인 홍복원의 마음을 풀어 주기 위해 인질로 잡혀 있던 그의 아버지 홍대순을 대장군에 임명하고, 동생인 홍백수에게 낭장郎將 자리를 주는 등 일족들의 처우를 크게 개선시켜 주었다.

  그러나 이런 조치를 내렸음에도 불구하고 몽골군의 침략은 계속되었고 피해도 날로 격화되었다. 몽골제국의 입장에서 볼 때 홍복원은 일개 고려인 부역자의 대표에 불과했고, 홍복원 자신도 몽골제국의 정책을 움직일 만한 위치에 있지도 못했다. 어디까지나 그는 몽골제국에 봉사하는 일개 외국인 신하였던 것이다.

리켰고 탑을 세움으로써 이웃의 침해를 누를 수 있었다고 한다. 이 탑은 건립된 후 50년이 지난 698년(효소왕 7) 벼락을 맞아 불탄 이래 여러 차례 중수되어 그 웅장한 모습을 유지해 왔으나 1238년(고려 고종 25) 몽골의 병화兵火로 가람 전체가 불타 버려 그후로는 중수되지 못하였다.

몽골과의 전쟁에서 계속 정황이 불리해지자 고려 조정은 몽골제국이 원하는 대로 왕자를 인질로 보내기로 했다. 단, 현재의 태자가 아닌 영녕공永寧公 왕준이 고려의 왕자역으로 몽골에 보내졌다.

몽골제국에서는 비록 인질이지만, 영녕공 왕준을 열렬히 환영하며 그에게 몽골 황족 여성을 내어주며 아내로 삼게 했다. 패배한 이방인에게 이처럼 환대를 해주는 이유는 만일 그가 훗날 왕위에 오르게 되면, 원만한 관계를 유지함과 동시에 그를 통해 고려에 "우리는 이렇게 고려 왕족을 잘 대해 주고 있으니, 너희도 저항하지 말고 우리에게 항복하라"는 일종의 선전 활동이었다.

영녕공 왕준*의 등장으로 홍복원은 다소 애매한 위치에 놓이게 되었다. 여태까지 자신이 몽골 내부에 고려를 대표하는 인사로 군림하며 많은 이권을 누려 왔는데, 자신보다 신분이 더 높은 왕족인 왕준이 몽골 조정의 열렬한 환대를 받으며 나타난 것이다. 자칫하면 지금까지 자신이 누려 온 권력이 그의 손에 넘어갈지도 모를 일이었다. 직장에 다니는 사람이라면 자신이 책임자로 있는 부서에 자신보다 더 경륜과 능력이 있는 사람이 나타났을 때, 혹

---

* 고려 현종의 후손으로 고종 때의 왕족이다. 왕자로 가장하여 몽골에 볼모로 잡혀 갔으며, 가짜 왕자인 것이 탄로났으나 원만한 성격 덕분에 큰 말썽을 일으키지 않고, 오히려 몽골의 신임을 샀다. 몽골이 고려를 침공하려는 것을 고려에 알리기도 하였다. 원나라 세조에 의하여 안무고려군민총관이 되어 만주지방의 고려 유민을 지배하였다.

시 그에게 자신이 가진 직위나 권한이 넘어갈지 몰라 애를 태운 경험이 있을 것이다. 당시 홍복원이 딱 그랬다.

그래도 처음에는 홍복원과 왕준의 관계는 비교적 원만했다. 아직 거처가 따로 정해지지 않았던 왕준을 위해 홍복원이 자신의 집에 들어와 살라며 제안까지 했으니 말이다.

하지만 그것도 잠시, 이내 둘은 서로가 놓인 위치를 깨달았다. 홍복원은 어떻게 해서든 왕준을 제거하거나 무력화시켜야 자신이 누리던 기득권을 손에 쥘 수 있었다. 왕준 역시, 자신을 해코지하려는 홍복원의 낌새를 눈치 채고 몽골인 아내를 통해 몽골 황실과 인맥을 만들어 위기가 닥쳤을 때, 자신의 도움이 되어 줄 끈을 열심히 찾던 중이었다.

사람이 절박하면 엉뚱한 곳으로 생각이 돌아간다고 누가 그랬던가. 홍복원은 비밀리에 무당을 시켜 나무인형을 만들어 손을 묶고 머리에 못을 박아서 땅에 묻고 우물에 던져 넣으며 저주를 했다. 말할 것도 없이 저주의 대상은 영녕공이었다. 물론 저주 따위로 그가 죽을 리는 없다. 하지만 몽골 황실과 연이 닿아 있는 영녕공 왕준에게 직접적인 무력을 행사했다가는 당장 자신의 목숨이 위태로워지니, 어쩔 수 없이 이런 식으로라도 울분을 풀려 한 것이다.

헌데 그마저도 무사하지 못했다. 고려에서 교위校尉 벼슬을 지내던 이주李綢라는 사람이 우연히 홍복원이 영녕공을 저주하는 장면을 보고는 급히 그에게 편지를 써서 이 같은 사실을 전했다. 이주가 건넨 서신을 받은 영녕공은 당시 몽골제국의 황제이던 몽케 칸蒙哥汗에게 홍복원이 한 짓을 알렸고, 몽케는 놀라 사신을 홍복원에게 보내 사실 여부를 물었다.

그대가 영녕공 왕준을 저주하려 한다는 것이 사실이오?

사신의 추궁에 홍복원은 "내 아들이 심한 병에 걸렸는데, 의원의 약도 소용이 없어 주술이라도 써서 풀려고 한 것뿐입니다. 다른 뜻은 결코 없습니다"라고 얼버무렸다. 그로서는 이렇게라도 해서 사실을 부인해야 했다. 동서양을 막론하고 봉건왕조 시대에 저주는 그 자체로 큰 죄에 해당된다. 만일, 홍복원이 실수라도 자신의 저주 여부를 시인했다가는 당장 처형이나 귀양 같은 중벌을 면치 못했을 것이다.

일단 위기를 모면한 홍복원은 자신이 한 저주가 이토록 빨리 황제의 귀에 들어간 것은 분명 영녕공이 눈치 채고 자신의 일을 알렸기 때문이라고 짐작하고는 그를 찾아가 크게 말싸움을 벌였다.

그대는 나한테서 오랫동안 은혜를 받았는데, 어찌 나를 거짓으로 고발하여 위기에 빠뜨린 것이오? 이건 마치 기르던 개가 주인을 문다는 속담과도 같소. 세상에 이럴 수 있는 것이오?

그런데 때마침 영녕공 아내가 그 말을 듣게 되었다. 그녀는 고려말을 몰랐지만 홍복원의 말투가 매우 사납고 거친 뉘앙스를 풍기자, 고려말을 아는 통역관을 불러 홍복원이 하는 말을 번역하게 하였다. 이윽고 그 뜻을 안 그녀는 홍복원이 자신의 남편을 모독하고 있다는 것을 알자, 화가 치밀어 홍복원이 영녕공과 말다툼을 하고 있는 장소로 뛰어갔다. 그녀를 본 홍복원은 무척 당혹했고, 그녀가 자신을 꾸짖자 냉큼 바닥에 엎드렸다. 영녕공의 부인은 홍복원을 날카롭게 질타하기 시작했다.

네가 고려에 있을 때, 어떤 사람이었더냐?

홍복원은 부들부들 떨면서 "저는 그저 변방의 일개 관리에 불과했습니다"라고 대답했다. 그 말을 들은 영녕공의 부인은 "우리 남편은 어떤 분이셨더냐?"라고 재차 물었고 홍복원은 "영녕공께서는 왕족이셨습니다"라고 대답했다.

그렇다면 영녕공이야말로 너의 주인이 되는구나. 너야말로 영녕공에 비하면 천박한 노비이자 개에 지나지 않거늘, 도리어 주인을 가리켜 어찌 개라고 부르느냐? 나는 지체 높은 황족이며, 황제께서 고려의 왕족을 남편으로 점지하셔서 지금까지 아침저녁으로 극진히 모시고 살았는데, 내 남편이 개라면 내 어찌 사람이 되어 짐승과 같이 살겠느냐? 너는 내 남편뿐만 아니라 나까지도 모독한 것이다. 너의 죄상을 황제께 낱낱이 고할 테니, 그리 알라!

실로 호쾌한 여장부의 호통이었다. 말을 마친 영녕공의 부인은 황제에게 이 사실을 알리러 간다며 집을 나섰고, 졸지에 봉변을 당하게 된 홍복원은 연신 머리를 조아리고 울면서 자신의 죄를 빌었다. 여걸의 남편인 영녕공도 아내를 따라가서 그녀를 연신 만류했지만 그녀는 듣지 않았다. 오히려 "저런 방자한 놈을 그냥 두신다면 다음에는 더 큰 모독을 당하실 텐데 그래도 괜찮으십니까?"라는 핀잔만 들을 뿐이었다.

당황한 와중에도 홍복원은 자신의 재산을 있는 대로 왕준에게 퍼주며 제발 그의 부인에게 잘 말해 달라고 빌었다. 그리고 떠나버린 그녀를 어떻게 해서든 따라잡기 위해 서둘러 길을 나섰다. 그러나 그의 운명은 거기까지였다. 벌써, 영녕공 부인으로부터 일의 자초지정을 듣고 황제가 보낸 칙사 일행과 마주쳤던 것이다.

이미 그를 죽이라는 황제의 명령이 떨어졌는지, 칙사는 거느리고 있던 장사들에게 홍복원을 발로 차 죽이게 하였다. 조금 이상한 처형 방식이지만, 고귀한 자를 피가 나지 않게 죽이는 것은 몽골인의 전통이다. 홍복원은 그나마 귀인으로 대접받고 죽은 것이다.

홍복원 일가의 불행은 거기서 끝나지 않았다. 황제의 명을 받은 칙사는 그의 재산을 모두 압수하였고, 그의 아내와 아들 홍다구와 동생 홍군상洪君祥도 모두 체포하여 감옥에 넣었다. 고초를 당하게 된 홍다구는 아비의 죽임이 모두 고려에서 영녕공이 왔기 때문이라고 여기고 깊은 원한을 가슴에 새겼다.

사실 이는 올바르지 못한 일이다. 홍복원의 죽음에 직접적인 계기를 제공한 장본인은 영녕공의 부인이지 그가 아니기 때문이다. 하지만 몽골의 부역자인 홍씨 일가의 입장에서 보면 어떤 상황에서도 몽골 황족인 그녀에게 해코지를 할 수 없다. 그렇기 때문에 뇌리에서 이상한 전환 작용을 일으켜 엉뚱하게 영녕공과 고려를 미워하게 된 것이리라. 마치 독재자의 부하가 독재자에게 괴롭힘을 당할 때마다 차마 독재자 본인에게 대들 수는 없으니 대신 자기보다 힘이 약한 하급자에게 화풀이를 하는 현상과 비슷하다. 이런 상황을 "한강에서 뺨맞고 종로에서 눈 흘긴다"고 할 수 있을 것이다.

이렇게 해서 홍복원은 죽었지만, 그가 맡았던 매국노의 역할은 고스란히 아들인 홍다구에게 계승되었다. 몽골 조정에서도 홍복원처럼 몽골을 위해 충실히 일해 줄 수 있는 부역자가 필요했고, 또한 홍다구를 복원시킴으로써 영녕공과 서로 제국을 위한 충성 경쟁을 촉발시켜 이익을 얻으려는 속셈도 있었다.

대를 이은 배신 _

1262년, 홍다구는 몽골 황제 쿠빌라이칸*으로부터 고려 군민총관軍民摠管의 직위를 받았다. 예전 아버지가 했던 것처럼 몽골로 항복해 오는 고려인들을 모두 관장하는 직책이었다. 그러자 자연히 영녕공은 몽골 조정으로부터의 총애를 좀더 많이 차지하기 위해 "고려에서는 4만 명의 병사를 내어 몽골을 도울 수 있습니다"라는 상소를 올리기에 이르렀다. 이로 인해 몽골 조정이 의도했던 둘의 충성 경쟁은 시작되었다.

이 무렵, 고려에서는 28년간의 대몽항쟁을 주도했던 최씨 무인 정권이 내부의 쿠데타로 붕괴하고 그 잔당인 임연과 김준 등의 무인들이 고려 왕실을 지배하던 상황이었다. 무인들의 전횡에 억눌려 있던 고려 왕실은 몽골의 도움을 얻어 이 현실을 타개하고자 했다. 마침 몽골에 있던 영녕공을 통하여 고려와 몽골 왕실은 서로 손을 잡았고, 무인 정권은 최종적으로 종결되었다. 하지만 대신 고려 왕실은 그로부터 약 100년 동안 몽골의 속국으로 전락하고 만다.

강화도의 무인 정권은 무너졌지만 그 밑에서 부역하던 기관인 삼별초는 고려와 몽골의 화해 분위기에 크게 반발했다. 무인 정권의 충실한 하수인이었던 삼별초로서는 그나마 몽골과의 대결 분

---

* 몽골제국의 제5대 칸으로, 칭기즈칸의 손자이다. 국호를 원으로 고치고 남송을 멸망시켜 중국을 통일했다. 서역에서 오는 문화를 중시하였으며, 티베트에서 라마교를 받아들였다. 서양인을 우대하여 마르코 폴로 등이 입국하는 등 통일된 다민족국가의 발전을 위해 공헌하였고, 넓은 영토를 차지한 대제국을 완성하여 원의 전성 시대를 이루었다. 그는 한때 고려와 연합해 일본을 정복하려 했으나 두 차례 모두 태풍으로 실패했다.

위기가 조성되어야 자신들의 입지가 넓어지는데, 이제 그런 분위기가 사라졌으니 자연히 입지가 좁아질 수밖에 없었다. 특히, 몽골에서 삼별초의 명단을 가져가려 한다는 소식까지 들려오자 이것은 영락없이 자신들의 신상 명세를 입수하여 제거하려는 속셈으로 보였다.

삼별초*는 몽골에 복속한 고려 정부에 충성하지 않겠다고 선언하고는 강화도에서 1000척의 전함을 모아 군사와 따르는 백성들을 태우고 진도로 떠났다. 그리고 왕족인 승화후承化侯 왕온王溫을 왕으로 추대하고 독자적인 정부 기구까지 창설했다. 이러한 조치는 고려 정부로 하여금 삼별초의 반발을 정권에 중대한 위협으로 해석하기에 충분했다.

그러나 몽골과의 오랜 항쟁으로 군사력이 거의 바닥난 상태였던 고려로서는 독자적인 힘으로 삼별초 정권을 무너뜨리기에 역부족이었다. 결국, 어쩔 수 없이 몽골에 군사 원조를 청하기로 했는데, 몽골 정부는 약 1만의 군사를 보내어 삼별초를 제거하기로

---

* 고려 무신정권 때 창설된 특수군대로, 삼별초에서의 '별초別抄'란 '임시로' 조직된 선발군이라는 뜻의 일반명사로, 일종의 유격대를 말하는 단어에서 유래했다. 여기에는 정규군이 아니었다는 뜻도 담겨 있다. 삼별초는 처음에 최우가 도둑을 막기 위해 설치한 야별초夜別抄에서 유래한다. 야별초는 1219년 최우가 권력 보호를 위해 조직한 사병이었는데, 뒤에 몽골의 침략에 대항하는 정규군으로 편성되었다. 그에 따라 야별초는 다시 좌별초, 우별초로 나뉘었으며, 몽골에 포로로 잡혀갔다 돌아오거나 탈출한 이들로 이루어진 신의군을 일컬어 삼별초라 불렀다.

했다. 그런데 고려로 들어온 몽골 군대의 선두에는 옛날 홍복원처럼 홍다구가 서 있었다.

몽골군의 한 축을 맡은 당당한 장수가 된 홍다구는 삼별초를 공격할 때, 인정사정 봐주지 않았다. 전의를 상실하고 달아나는 삼별초 병사들도 가차없이 죽였고, 삼별초들이 세운 성곽과 각종 시설물들은 모두 불살라졌다. 왕족으로 추대된 승화후 왕온은 죽이지 말라는 국왕 원종의 지시가 있었지만, 홍다구는 이를 무시하고 그를 살해하고 말았다.

전쟁터에서 잔혹함을 떨치는 것이 몽골 군대의 고전적인 전술이지만, 당시 홍다구가 유독 그렇게 행동했던 이유는 무엇일까? 물론 전공을 세워 그만큼 몽골로부터 인정을 받고 싶었던 계산도 있었겠지만, 그보다는 자신의 아버지를 죽게 만든 영녕공에 대한 일종의 간접적인 복수가 아니었을까? 승화후 왕온도 같은 왕족이니 말이다.

진도에서 패배하고 제주도로 도망친 삼별초는 분노와 증오심에 불타 고려 정부가 제안하는 어떠한 항복 조건도 거부하고 끝까지 싸울 것을 결의하였다. 그러나 진도에서 너무 많은 병력을 잃은 데다 제주도 주민들도 삼별초를 그리 반기지 않아 항쟁은 거의 불가능한 상황이었다. 거기에 승세를 타고 들이닥친 고려 정부군과 몽골군의 공세는 삼별초를 완전히 끝장내기에 충분했다. 제주도가 여원 연합군에게 함락당할 때, 삼별초는 물론이고 수많은 제주 주민들도 함께 말려들어 희생당했다.

1000년의 세월을 넘은 역사의 반복 _

이렇게 해서 삼별초의 봉기는 피로 얼룩진 채 끝났다. 하지만, 홍다구의 활약(?)은 끝나지 않은 상태였다. 삼별초를 진압하고 나서 쿠빌라이칸의 관심이 일본으로 쏠렸기 때문이다. 고려를 복속시키는 데 성공한 쿠빌라이칸은 일본도 정복하려는 야심을 품고, 홍다구를 원정군의 부사령관에 해당하는 동정부원수東征副元帥에 임명하였다. 홍다구로 하여금 고려에서 전함을 제조하고 물자를 조달하는 일을 총괄케 한 것이다.

그러나 홍다구를 맞이한 고려 전국에서는 아우성이 빗발쳤다. 쿠빌라이칸의 신임을 받고 있다는 것을 배경으로 삼아 홍다구는 고려인들을 상대로 온갖 포악과 횡포를 거침없이 자행했기 때문이었다. 심지어 국왕인 원종을 보고도 인사조차 하지 않을 정도로 거만하게 굴었다. 특히, 원정군을 실을 700척의 전함을 불과 1년 안에 만들라는 쿠빌라이칸의 무리한 명령을 실현하기 위해 선박 제조 기술자들과 백성들을 마구잡이로 닦달해 큰 원성을 샀다. 홍다구의 독촉이 얼마나 심했던지 백성들뿐만 아니라, 고려 왕실에서도 앞으로 원나라 원정군으로 홍다구가 두 번 다시 고려로 돌아오지 않기를 바랐다고 한다.

여러 기록들을 보면 홍다구는 단지 업무에 충실하려 한 것만이 아니라, 아버지의 일로 고려 왕실과 고려에 깊은 원한을 품고 기회가 있을 때마다 압박을 가하려 한 것으로 보인다. 한 번은 이런 일도 있었다. 관아의 노비인 숭겸과 공덕이 사적인 일로 원한을 품고 원나라에서 파견된 관리인 달로화적達魯花赤을 죽이려다가 발각된 사건이 벌어지자, 홍다구는 그들을 심문하면서 고려 왕실의 명령을 받아 한 일이라는 자백을 하게끔 유도하게 하였다. 그리고 이를 이용하여 군사를 일으켜 개경을 습격하여 왕실을 제거하려는 대담한 음모까지 꾸몄다. 조선시대, 명나라 출신 무뢰배 모문룡毛文龍이 꾸민 짓과 비슷한데, 다행히 이런 홍다구의 술책은 고려에 파견된 몽골인 관리인 탈타아脫朶兒가 반대함으로써 성사되지 못했다.

쿠빌라이칸이 야심차게 추진하고 홍다구가 적극 협조하여, 고려는 마지못해 두 차례의 일본 원정에 참여했다. 그러나 원정은 태풍으로 인해 끝내 실패했다. 전체적인 역사로 보았을 때, 이 일이 과연 긍정적인지 부정적인지는 확신할 수 없으나 홍다구의 성격을 감안하여 본다면 잘된 일이었다. 만약, 일본이 여몽 연합군에게 정복당했다면, 그 정복지의 대부분은 홍다구가 차지하고 그의 위세는 더욱 높아졌을 것이며, 아울러 고려 왕실을 능멸하고 백성들을 핍박하는 강도도 훨씬 강해졌을 테니 말이다.

외세에 빌붙어 조국과 백성에 막대한 해를 끼쳤던 홍복원과 홍다구 부자의 일은 과연 지나간 옛날 일에 그치는 걸까? 악질적인 친일파들을 한 명도 처벌하지 못하고 오히려 그들이 막대한 부와 권력을 누리도록 용인했던 현재의 우리나라를 보면 그렇지도 않은 것 같다.

작가_ 대를 이어 충성한다는 말은 들어 보았어도, 대를 이어 매국한다는 말은 처음입니다. 아, 충성이라고 부를 수 있겠군요. 고려가 아니라 몽골에 대한 충성 말입니다.

홍복원 _____ 그게 뭐 어쨌다는 것인가? 방향이야 어떻든 충성은 충성이 아닌가 하는데? 나의 충성심은 몽골에서도 알아줄 정도였다네.

작가_ 그래서 몽골 공주한테 싹싹 빌다가 장사들의 발에 밟혀 죽은 겁니까? 결국 그들에게 선생은 그냥 한 번 쓰고 버릴 수 있는 하찮은 인물에 불과했다는 결론이 아닐까요?

홍복원 _____ 당신은 그렇게 볼 수도 있지만, 어차피 나는 고려에 있었을 때에도 말단 관리에 불과했다오. 그럴 바에야 차라리 몽골에 항복해서 부귀영화를 누리는 쪽이 더 나았지. 비록 내 최후가 비참하긴 했지만, 얼마 동안은 고려인들의 대장 노릇을 하며 잘 살았는데, 영녕공이 오는 바람에 말짱 허사가 되었지.

홍다구 _____ 하지만 내가 아버지의 뒤를 이어 출세하는 바람에 영녕공은 끈 떨어진 조롱박 신세가 되었지. 내가 얼마나 몽골에서 잘 나가고 고려에서도 나만 보면 벌벌 떨었는지 아버지도 잘 아시죠?

홍복원 _____ 그래, 네가 우리 홍씨 가문의 영광이구나. 원나라가 조금만 더 오래갔으면 우리 부자는 욕 대신에 열렬한 칭찬을 받았을 게다.

작가_ 그럴까요? 원나라보다 훨씬 오래간 청나라와 결탁했던 정명수 같은 친청파들도 욕만 먹고 있는 판국입니다.

홍복원 _____ 당신은 우리 부자를 매국노라고 욕하지만, 사실 그런 종류의 비난은 지나친 게 아닌가 싶소. 당시 원나라는 누구도 넘볼 수 없을 만큼 강력한 세력이었지. 그들에게 저항한다는 것은 더 큰 피해를 부를 뿐인 게지. 나는 현실적으로 판단한 걸세. 몽골에 저항하다 멸망한 그 많은 나라들을 자네도 알지 않는가? 나의 판단은 우리 고려만은 절대로 그렇게 만들고 싶지 않았다는 거였지.

작가_ 그렇게도 볼 수 있겠군요. 하지만 당신 부자들은 몽골이 고려 백성을 상대로 횡포와 탐학을 자행할 때, 그것을 말리기는커녕 오히려 적극 협조하지 않았습니까? 당신 아들은 일본 원정을 앞두고 고려에 와서 어찌나 악착같이 닦달을 했는지, 고려 국왕이 제발 다른 감독관으로 보내달라고 원나라 조정에 탄원할 정도였지요? 오히려 진짜 몽골인인 탈타아 같은 경우는 청렴하고 공정하게 일 처리를 해서 백성들로부터 존경을 받기까지 했습니다. 당신들은 결코 고려나 백성들의 안전이 아니라, 자신들만의 부귀영화를 위해 몽골에 투신했던 겁니다. 내 말이 틀립니까?

08

폭군 연산군의
모범이 된 대선배
- 충혜왕忠惠王 -

충혜왕忠惠王(1315~1344)
고려 제28대 왕으로, 1330년 왕위에 올랐으나 방탕하고 주색을 일삼아
왕위를 다시 부왕 충숙왕에게 넘긴 뒤, 원나라로 돌아가야 했다.
1339년 충숙왕이 죽자 심양왕 왕고를 왕으로 세우려는 조적 등의 반란이 있었으나 실패하고
충혜왕이 다시 즉위했다. 즉위 후에 사치와 향락, 사냥을 일삼았으며, 이운 등이 원에 상소를 올린 끝에
결국 원나라에 의해 다시 폐위되어 원나라로 끌려가 게양현으로 유배를 가다가 죽었다.

한국사에서 폭군의 대명사가 된 인물은 바로 연산군이다. 그런데 연산군보다 약 100년 전, 그와 똑같이 활약(?)했던 대선배가 한 명 있으니 바로 충혜왕이다.

동양사에 정통한 학자들의 말로는 보통 왕명에 혜惠자가 들어가는 왕은 어리석거나 포악한 임금이라고 한다. 살아생전 백성들에게 잘해준 것이 아무것도 없으니 그저 은혜나 베풀었다는 의미에서 붙여지는 것이라는 뜻으로 '혜'자가 들어간다는 것이다.

간음, 겁탈, 끝없이 이어지는 방탕 _

고려 충숙왕忠肅王, 1294~1339의 아들로 1315년에 태어난 충혜왕忠惠王은 어릴 적부터 폭군의 자질을 보였다. 글공부는 전혀 하지 않고 거리의 불량배들과 어울려 다니며 말을 타고 활을 쏘면서 사냥만 즐겨 부왕으로부터 "너는 왕자답지 못하구나."라는 꾸지람을 들은 적도 여러 번 있었다.

왕자 시절에도 그랬으니, 왕위에 오르자 그의 폭행과 음행은 거칠 것 없는 고속도로를 달리듯 자제력을 잃고 폭주하기 시작했다. 특히 여색을 매우 밝혔는데, 연산군은 일반 기생들만 상대했지만 충혜왕의 경우는 엄연히 남편이 살아 있는 유부녀까지도 가리지 않고 농락하니, 더욱 음란하기 그지없었다.

그의 음행을 열거하자면 끝이 없는데, 대표적인 것들만 들어 보겠다. 왕실로부터 예천군醴泉君의 작위를 받은 권한공의 둘째 아내인 강씨는 빼어난 미모로 주변에 소문이 자자했다. 충혜왕은 그녀가 무척 아름답다는 말을 듣고는 마음이 혹해서 호군護軍 박이라적을 시켜 궁궐로 데려오게 했다.

그런데 이라적은 강씨를 데려오던 도중, 그만 왕보다 먼저 그녀를 강간하고 말았다. 아마 젊어서 왕을 따라다니며 온갖 음행을 일삼던 일행 중 하나였기에 왕이 저지르는 무수한 음행을 보고 영향을 받았던 모양이다. 왕이 점찍어 둔 여자를 신하가 먼저 손을 대는 것은 왕조 국가에서 엄연한 중죄인 바 이라적은 강씨에게 자신이 한 일을 절대 발설하지 말도록 위협했지만, 숱한 여성 편력을 쌓은 충혜왕이 그런 징조를 알아채지 못할 리가 없었다.

신하가 자신의 물건(?)에 손을 댄 것을 눈치 챈 충혜왕은 격노하여 이라적은 물론, 강씨마저 모두 몽둥이로 때려 죽이게 하였다. 불경죄를 저지른 신하를 처벌하는 것은 그렇다 쳐도 애꿎은 피해자인 강씨까지 죽이는 것은 지나친 일이지만, 충혜왕의 입장에서 볼 때는 자신이 선택한 여자를 타인이, 더군다나 하인이 손을 댔으니 자신의 권위가 침범당한 것으로 간주했던 모양이다.

유부녀를 안지 못한 것에 대한 미련이 남았는지, 충혜왕은 내시 전자유의 집에 행차해 그의 아내 이씨를 겁탈했다. 내시가 웬 아내가 있느냐고 궁금해 할 독자들이 있을지 모르겠지만, 고려 시대의 내시들은 고환이 거세당한 환관이 아닌, 왕실에서 근무하는 귀족 자제들로 이루어진 엘리트 관리였다. 이런 구분법이 조선 왕조로 넘어가면서 내시나 환관이나 모두 거세를 하고 궁궐에서 잡무를 맡는 역할로 변화된 것이다.

아내가 왕에게 강간을 당하자, 놀라기도 했지만 그렇다고 왕을 상대로 싸울 수도 없었던 전자유는 아내와 함께 집을 버리고 달아나 버렸다. 한 번 재미를 본 것으로는 모자랐는지, 충혜왕은 이번에는 배전이라는 신하의 집을 찾아가서는 그의 아내는 물론이고 여동생까지 강제로 겁탈하였다.

왕의 이런 짓거리를 보고 영향을 받았는지, 봉골 등 거리의 불량배들은 한밤중에 공보라는 벼슬아치의 집에 몰래 들어가서는 고관임을 사칭하며 그 아내를 성폭행하는 짓까지 벌였다. 마치 중국 소설 《수호지》에서 유부녀들만 골라 겁탈하는 색골 고아내高衙內의 일화가 불량배들에게 모범(?)으로 각인된 일을 보는 것 같다.

아닌 게 아니라 충혜왕은 평소에도 불량배들을 거느리며 사냥과 놀음에만 몰두했다. 한 번은 그가 강음현江陰縣에서 사냥을 하자 따르던 불량배들이 왕이 쓰는 사냥용 매에게 먹인다는 핑계를 대고 마을에 멋대로 들어가 주민들이 기르던 닭과 개들을 마구

빼앗았다. 하지만 왕이 불량배들을 총애하는 것을 안 주민들은 왕을 두려워하여 아무도 이를 문제 삼거나 왕에게 알리지 못했다.

짐승만 쏘아 대다 보니 지겨웠던지 충혜왕은 새로운 화살 쏘기도 했는데, 개경 동쪽 교외에 나가서 탄궁(돌을 쏠 수 있는 활)으로 지나가던 백성들에게 탄환을 퍼부어대 갑작스러운 봉변에 당황한 백성들이 서둘러 달아나는 해프닝을 빚기도 했다.

그런가 하면 자기가 쓸 말들의 마구간을 짓기 위해 민가 100여 채를 헐고, 백성들이 가진 좋은 말들과 땅을 강제로 빼앗아 마구간에 채워 넣고 말 사육장으로 만드는 횡포까지 저질렀다. 순식간에 집을 잃고 토지와 재산을 빼앗긴 백성들은 도탄에 빠져 거리를 잃고 떠돌게 되었다. 충혜왕에게는 백성들의 삶과 안위보다 자신이 누릴 향락이 더 중요했던 것이다.

또한, 유흥에 쓸 세금을 걷기 위해 각도에 관리들을 보내 특별세를 징수했는데, 6품 이상의 관리들은 베 150필, 7품 이하는 100필을 내야 했으며, 일반 백성들도 15필이나 내게 하였다.

평소에 없던 세금을 갑자기 내라는 왕의 명령이 떨어지자 그것을 들은 사람들은 가족을 데리고 산이나 외딴 섬으로 달아났고, 미처 도망가지 못한 백성들은 강제로 세금을 징수당하거나 관아로 끌려가 곤장을 맞고 감옥에 갇혔다. 충혜왕의 횡포에 백성들의 원망이 매우 커서, 많은 신하들이 즉시 그만둘 것을 청했지만, 왕은 끝내 듣지 않고 계속 세금을 거두라고 명하였다.

충혜왕이 갑자기 만든 세금에 관련된 슬픈 일화가 하나 있다. 경상도의 어느 관리는 집안이 무척 가난하여 재산을 다 팔아도 세금을 내지 못할 정도였는데, 왕명이 떨어지자 세금을 내지 못해 전전긍긍했다. 이를 보다 못한 그의 딸이 머리카락을 잘라 팔아 베로 바꾸어 세금을 내고는 두 사람 모두 끝내 목을 매어 자살하고야 말았다.

백성들의 고통에도 아랑곳하지 않고 충혜왕은 남의 땅과 재산을 빼앗을 궁리에만 몰두했다. 거기에 그를 맹목적으로 추종하는 소인배들은 왕의 비위를 맞추며 그의 탐욕을 부풀릴 사악한 간계들만 내놓았으니, 나라 전체가 소란스러울 수밖에 없었다.

백성의 살을 파먹는 토목사업 _

여색과 사냥, 징세에 이어 충혜왕이 관심을 가진 분야는 궁궐 신축이었다. 기존에 있는 궁궐이 다소 작고 초라하다고 느꼈는지, 충혜왕은 삼현三峴에 새 궁궐을 지을 것을 명하였다. 민함계閔咸啓라는 신하가 풍수지리적인 이유를 들어 "새 궁궐을 짓는 일은 이롭지 못합니다"라고 반대하자 충혜왕은 분노하여 그에게 곤장형을 내렸다. 그리고 신하들에게 "궁궐이 완성되면 그대들은 각각 얼굴이 예쁜 여종들을 한두 명씩 나에게 바쳐라"라는 지시를 전달했다. 이 말을 전해들은 일부 원로대신들은 "임금이 신하에게 사사로이 노비를 청하는 일은 전례가 없는 처사"라며 수군거렸다.

충혜왕이 새 궁궐을 지으려 한다는 소식에 백성들은 매우 불안해했다. 다른 것도 아니고 자신들에게 강제로 세금을 거두어 가며 짓는 궁궐이 그들의 눈에 좋게 비칠 리가 없었다. 어느새 개경 성 안에는 "임금이 민가의 어린아이 수십 명을 데려다가 새 궁궐 주춧돌 아래에 묻으려고 한다"는 흉흉한 유언비어가 나돌았다. 일찍이 무인 집권자 최충헌이 민가들을 헐어 내고 거기에 새로운 자택을 지으려 할 때도 이런 일들이 있었다. 역사를 막론하고 권력자들의 횡포는 백성들에게 반감을 사기 마련일 것이리라.

유언비어를 들은 순진한 백성들은 크게 동요했고, 그중 많은 수가 혹시나 하는 마음에 아이들을 데리고 달아났다. 행실이 나쁜 불량배들은 이 틈을 타서 빈 집에 들어가 도둑질을 즐겼다. 약탈을 하면서 그들은 내심 충혜왕에게 감사하지 않았을까? 백성들에게는 무척 나쁜 왕이었지만, 범죄자들에게는 매우 좋은 왕이었던 셈이다.

신하와 백성들을 상대로 닦달을 하며 새 궁궐 짓기에 매진했지만, 예상 외로 궁궐 건축이 늦어지자 조급해진 충혜왕은 개경 곳곳마다 방을 붙여 "재상으로부터 하급 벼슬아치까지 모든 관리들은 각자 목재를 날라 운반하라. 만약 기일 안에 할당량을 대지 못하는 자가 있으면 베 500필을 추징하고, 외딴 섬으로 귀양을 보낼 것이다!" 하고 으름장을 놓았다. 처벌을 두려워한 관리들은 앞 다투어 목재를 마련했으니, 공사장으로 재목을 실어 나르는 수레의 행렬이 끊이지 않고 이어졌다.

목재만으로 궁궐을 채우기는 부족해서, 충혜왕은 다시 모든 관리들에게 한 사람씩 놋쇠와 구리 2근씩을 내게 했고, 전국 각지로부터 구리와 철까지 모두 징발하여 솥과 가마를 만들어 새 궁궐에 들여놓으니, 그 양을 대느라고 민가의 농기구들마저 모두 징발하여 남아 있는 것이 없을 정도였다.

마침 원나라에서 온 사신 실덕實德은 이 광경을 보고는 재상 채하중에게 "어떤 왕도 농사철에는 백성들을 고생시키지 않는데, 지금 고려왕은 백성들을 혹사시켜 농사마저 방해하니 장차 고려 백성들은 어떻게 살 것인가? 내가 고려왕이 쓴 방을 가지고 황제에게 알려야겠다"라고 말했다.

이 말을 전해들은 충혜왕은 펄쩍 뛰며 하중이라는 신하를 시켜 실덕에게 보고하지 말 것을 부탁했다. 국내의 반발쯤이야 군대를 동원해 눌러 버리면 그만이지만 원나라 황제는 격이 다르다. 자칫, 이 일을 빌미로 자신에게 퇴위 압력을 가하기라도 한다면 어쩔 것인가? 실제로 선대왕인 충선왕도 원나라의 압력으로 왕위에서 강제로 물러난 적이 있으니, 결코 가볍게 볼 일이 아니다. 어떻게 해서든 실덕이 원나라 황제에게 알리는 일은 막아야 했다.

하중으로부터 제발 원나라 황제에 알리지 말아달라는 부탁을 받은 실덕은 처음에는 듣지 않았으나, 하중이 간절히 부탁하자 알리지 않겠다고 약속했다.

간신히 위기는 넘겼으나, 충혜왕은 대체 누가 원나라 사신에게 자신의 일을 알렸는지 궁금했다. 그때, 어떤 사람이 "전 판각判閣 최천우崔天雨가 실덕에 알려주어서 그렇게 되었답니다"라고 하자 충혜왕은 곧바로 최천우를 불러들여 그 사실을 추궁하고 그래도 분이 풀리지 않았는지, 손수 뺨을 때려 그의 입에서 피까지 흐르게 했다.

이렇게 했음에도 불구하고 궁궐 신축이 늦어지자, 충혜왕은 공사 감독을 맡은 관리들이 게을러서 그렇게 된 것이라고 지레 짐작을 하고는 감독 박양연과 김선장, 민환 등을 불러들이고 자신이 직접 매를 들어 곤장을 때리는 엽기적인 일까지 벌였다. 왕으로부터 매까지 맞은 관리들은 그만큼 백성들을 닦달하여 공사에 열을 올렸고, 백성들이 사는 민가와 절간의 목재 및 기왓장과 주춧돌, 섬돌까지 모두 헐어 온 끝에 겨우 새 궁궐을 완성시킬 수 있었다.

새 궁궐에는 충혜왕의 취향답게 화려한 비단옷을 입은 미모의 여종들이 가득 뽑혀 왔는데, 그중 두 명의 여인이 웬일로 눈물을 흘리며 슬퍼하였다. 아마, 집에서 떠나 낯선 궁궐에 있는 것이 불안했던 모양인데 이 모습을 본 충혜왕은 분노하여 철퇴를 들어 불쌍한 여인들을 때려 죽였다.

자신이 그토록 바랐던 대로 국고와 백성들의 고혈을 짜내 지은 궁궐에 들어가 희희낙락하며 음행을 즐기던 충혜왕은 그러나 우습게도 자신이 가진 취미생활(?)로 인해 파국을 자초하게 된다.

아버지의 여자를 탐하다 _

충혜왕의 아버지인 충숙왕忠肅王은 원래 아내인 복국장공주濮國長公主를 잃고 원나라에 머물 때, 몽골 황족인 경화공주慶華公主 야얀후두伯顔忽都와 재혼을 했다. 경화공주는 충숙왕이 죽고 난 후, 고려로 들어가 살았는데 충혜왕은 양어머니인 그녀를 영안궁永安宮에서 맞아 성대한 잔치를 열어 주었다.

그런데 자기보다 나이가 별로 많지 않았던 경화공주를 보며 충혜왕은 야릇한 색정을 느끼기 시작했다. 지금까지 신분이 낮은 여자들은 얼마든지 겁간해 왔지만, 자신보다 신분이 높은, 더욱이 상국 원나라의 왕족 여인을 취한 적은 없었다. 과연 저 여자를 품에 안으면 어떤 느낌이 들까? 충혜왕의 뇌리는 어느새 해서는 안 될 일에 대한 즐거운 공상이 지배하기 시작했다. 아버지의 후처이 자 대국의 왕녀인 경화공주는 어떤 일이 있어도 그가 손댈 수 없 는 여자였지만, 이미 욕정이 이성을 압도해 버린 후였다.

충혜왕의 음흉한 마음을 알 리 없는 경화공주는 그가 베푸는 잔치에 흡족해했고, 맛있는 음식과 향기로운 술을 실컷 즐긴 다 음 처소로 돌아가 잠을 청했다. 그녀의 뒷모습을 바라보는 충혜왕 의 두 눈에는 만년설을 녹인 물로도 꺼뜨릴 수 없는 뜨거운 음욕 이 불타오르고 있었다.

연회의 주연인 경화공주가 처소로 들어가자 잔치는 끝났고, 초 대받은 사람들은 하나둘 각자의 집으로 돌아갔다. 하지만 충혜왕 은 거짓으로 취한 척하며 연회장에서 나가지 않고 남아 있다가 날 이 어두워져 사람들이 모두 떠나고 없자, 환관 송명리 등과 함께 공주의 침실로 들어갔다.

자고 있던 공주가 갑작스러운 인기척에 놀라 몸을 일으키자, 충 혜왕은 환관들을 시켜 그녀의 팔과 다리를 붙잡고 입을 틀어막게 한 후, 드디어 겁탈하고야 말았다. 충혜왕의 이러한 음탕함은 개 인적으로도, 도덕적으로도, 그리고 국가적으로도 너무나 수치스 럽고 어리석은 일이었다.

의붓아들이자 속국의 왕에게 능욕을 당한 경화공주는 치욕을 참을 수 없어 본국인 원나라로 돌아가려 했다. 하지만 충혜왕은 그녀가 돌아가지 못하도록 개경 인근의 마시장馬市場을 모두 폐쇄시켜 버렸다. 자칫 그녀가 당한 일을 원나라에서 알기라도 하는 날에는 자신의 생명은 결코 살아남을 수 없으리란 것을 잘 알았기 때문이었다.

그러나 수치를 당하고도 가만히 있을 공주가 아니었다. 누가 뭐라고 해도 그녀는 세계를 지배하고 있는 대제국의 로열패밀리가 아니던가. 능욕 사건이 지나고 나서 얼마 후, 원나라에서 사신 일행 등이 개경에 방문하자, 경화공주는 그들에게 몰래 사람을 보내 자신이 겪은 굴욕을 설명하고 충혜왕에게 복수해 줄 것을 요청했다. 사신 중 한 명인 두린頭麟은 공주에게 어주御酒를 보내 위로하는 한편, 그녀의 요청에 응할 것을 약속했다.

다음날, 개경 밖 교외에서 타적朶赤과 내주乃住, 별실가別失哥 등 원나라 사신 일행들이 황제가 내리는 교서를 발표한다고 하여 왕과 대신들을 모이게 하였다. 그러나 충혜왕은 아프지도 않으면서 병이 들었다는 핑계를 대고 선뜻 나가려 하지 않았다. 음탕하고 패악한 그였지만 결코 우둔한 인물은 아니었다. 자신의 이익이나 안전과 관련된 문제에서는 교활하고 눈치가 빨랐다. 혹시 자신이 경화공주를 겁간한 일이 원나라 사신들의 귀에 들어가 그 일을 가지고 자신을 힐책하려는 것이 아닌가 하는 의구심이 들어 나가려

하지 않았던 것이다.

충혜왕이 나타나지 않자, 원나라 사신에 섞여 있던 고려인 환관 고용보高龍普는 "예전부터 황제께서 신에게 왕이 불경하다는 말씀을 하셨는데, 이제 왕이 황제께서 보낸 사신을 마중하러 나오지 않는다면 황제께서 무슨 생각을 하실지 모릅니다"라는 전갈을 보냈다.

다른 건 몰라도 고려와 자신의 안위를 좌우하는 원나라 황제의 말이라면 듣지 않을 수 없는 노릇이다. 충혜왕은 불안한 생각이 들면서도 어쩔 수 없이 백관들을 거느리고 교외로 나가 황제가 내린 교서를 듣고 있었는데, 갑자기 타적과 내주 등이 왕을 걷어차면서 묶어 버렸다. 당황한 충혜왕이 그래도 고려인인 고용보에게 도움을 청하며 외쳤지만, 오히려 그는 왕을 꾸짖었다.

그대는 일국의 왕이면서도 전혀 백성들을 돌보지 않은 채 그들을 핍박하며 못 살게 굴었다. 또한 그대는 선왕의 아들이니, 선왕과 정혼한 경화공주는 그대의 어머니가 된다. 그런데 그대는 공주를 붙잡아 능욕하였으니, 자식으로서 어미를 범한 대죄를 지은 것이다! 이러고도 어찌 무사하기를 바란단 말인가!

왕이 사신들에게 체포당하자, 왕의 시종과 호위 무관들이 왕을 구하기 위해 덤볐지만 원나라 사신들이 모두 칼과 창을 빼어들고 싸우자, 많은 사람들이 죽거나 다쳤다. 하지만 수적으로 훨씬 많은 고려인들이 몇 명밖에 안 되는 원나라 사신들을 두려워하여 그런 결과가 나온 것은 아니었다. 그들은 원나라 황제의 교지를 지니고 온 사신들이다. 만에 하나, 그들을 고려에서 해쳤다가는 원나라 황제의 권위에 정면으로 도전한 꼴이 되니 나중에 더욱 큰 보복을 당할지 모르는 일이었기에 고려의 호위 무관들은 그들과 적극적으로 싸울 수가 없었다.

유배 중에 맞은 객사 _

포박당한 충혜왕은 더욱 험한 꼴을 당했다. 원나라 사신 타적은 그를 들어 한 팔에 낀 채 말을 타고 쏜살같이 달려갔다. 계속 묶인 채, 흔들리는 말 위에 있다 보니 몸이 아파 온 충혜왕은 잠시 쉬었다 가달라고 애걸했지만 오히려 타적은 칼을 빼어들고 그를 위협하였다.

결국 그렇게 해서 원나라 본국으로 압송되어 온 충혜왕은 수도 연경에 유폐되었다. 원나라 황제는 그에게 다음과 같은 교서를 내렸다.

너는 한 나라의 왕이면서도 백성들을 심하게 괴롭히고 재물을 빼앗기를 즐겼으니, 너의 피를 천하의 모든 개에게 먹여도 부족하

다. 그러나 짐은 사람 죽이는 것을 좋아하지 않으니 너의 목숨은
살려두어 귀양을 보내니 짐을 원망하지 말고 가라.

우리나라 역사상 최초로 국왕이 외국 사신들에게 체포되어 외국으로 압송되어 귀양에 처해지는 일이 벌어진 것이다. 다소 지나친 내정간섭이라고도 볼 수 있겠지만, 그만큼 충혜왕의 폭정과 방탕함이 외국 군주가 보기에도 지나친 수준이었던 것이리라. 물론 원나라 황제가 단지 정의감만으로 한 나라의 왕이었던 충혜왕을 체포하여 강제로 폐위시킨 것만은 아니었으리라. 충혜왕이 왕위에 있으면서 무수한 악행을 저질렀는데도 가만히 있다가 원나라 황족인 경화공주를 겁간하자 그제야 사신을 보내 그를 폐위시킨 일을 보면 충혜왕의 폐위는 그가 결코 건드려서는 안 되는 황족 여성을 겁탈한 데에 따른 징벌이라고 보아야 적합하다.

어쨌든 충혜왕은 중국 남쪽인 광동성廣東省 계양현揭陽縣으로 유배되었다. 황제의 엄중한 명령이 있었던 데다 평소에도 그가 워낙 인심을 잃어 단 한 명도 그의 유배길을 따라가는 사람이 없었다.

평소에 호사스러운 생활만 하다가 불편한 함거를 타고 수만 리 귀양길을 떠난다는 것은 그 자체가 고통이었다. 그러나 그 고난도 오래가지 못했다. 충혜왕은 유배지인 계양현까지 가기도 전에 악양현岳陽縣에서 급작스럽게 피살당했다. 사인은 확실치 않은데, 귤을 먹고 죽었다는 설도 있으며 독으로 인한 사망이라고도 한다.

아무래도 경화공주의 치욕을 기억하는 세력이 저지른 독살로 짐작된다.

충혜왕이 죽었다는 소식이 전해지자 고려 백성들은 슬퍼하기는커녕 모두 거리로 뛰쳐나와 "이제야 겨우 살날이 오는구나!" 하고 미친 듯이 날뛰며 기뻐했다. 사람이 죽었는데 아무도 슬퍼하지 않고 오히려 기뻐하다니, 몰인정한 모습으로도 보일 수 있지만 폭군에게 괴롭힘을 당하던 백성들에게는 왕의 죽음이 가뭄에 내린 단비와도 같았을 것이다.

음란과 폭정으로 악명을 떨친 충혜왕은 그렇게 해서 1344년, 30세의 나이로 오욕으로 가득 찬 인생을 마감했다.

죽은자와의 인터뷰

작가_ 한국사에서 선생처럼 망나니짓만 벌이다가 남의 나라에 끌려가 죽임을 당한 왕은 없었던 것 같습니다. 왕위에 있을 때 했던 짓거리도 추했지만 죽을 때는 더 품위가 없었던 것 같습니다.

충혜왕 _____ 이보게. 그래도 원나라 사신들에게 얻어맞고 남의 나라에 끌려가서 죽었는데 내가 불쌍하다는 생각도 안 드는가?

작가_ 전혀 그렇지 않습니다.

충혜왕 _____ 나는 한 나라의 왕이라네. 왕이 그 정도의 영화도 못 누리나? 다른 나라에는 그런 왕들이 없던 줄 아는가?

작가_ 많았지만 모두 제대로 된 대가를 치렀습니다. 착취당하던 백성들에게 쫓겨나거나 궁중 반란으로 제거당하거나, 아니면 후대 역사에서 엄청나게 욕을 먹고 있습니다.

충혜왕 _____ 자네한테는 사람을 불쌍하게 여기는 동정심도 없나?

작가_ 오히려 제가 하고 싶은 말입니다. 선생은 당신 멋대로 겁탈하고 죽이고 빼앗던 백성들을 보면서 일말의 동정심도 느끼지 못하십니까?

충혜왕 _____ 나만 그런 게 아니라니까! 내가 좀 유난했을지는 몰라도 대부분의 왕들은 그런 식으로 행동했네.

작가_ 그렇게 하지 않았던 왕들도 많았습니다. 비록 봉건 왕조 시대였지만, 왕의 첫째 덕목이 바로 "백성들을 불쌍히 여기는 것"이 아니었습니까? 아, 선생은 제대로 된 공부도 하지 못해서 그런 생각조차 해보지 못했나 보군요.

충혜왕 _____ 입이 거친 친구로군. 옛날 같았으면 자네처럼 듣기 힘든 소리만 하는 것들은 내 마음대로 몽땅 잡아다 죽였는데.

작가_ 그 신하들의 말 중 절반만 들었어도 그렇게 비참한 최후는 맞지 않았을 것입니다.

충혜왕 _____ 됐네. 자네가 하고 싶은 대로 마음껏 지껄이게나.

작가_ 죽어서도 전혀 반성하지 않으셨군요. 자신의 감정에만 충실하고 남의 감정은 전혀 생각하지 않는 태도의 인간을 '사이코패스'라고 합니다. 선생은 그 전형적인 유형에 속합니다. 왕실에 태어나 하인들을 부리면서 자기가 하고 싶은 대로만 살면서 그런 성격을 지니게 된 것입니까?

충혜왕 _____ 자네야말로 내 감정은 헤아려 보지도 않지 않는가? 내가 원나라 사신들에게 얻어맞고 협박당하고 끌려가면서 얼마나 고통스러웠는지 알기나 하는가?

작가_ 글쎄, 불과 7년 동안 왕위에 있었고, 30세에 죽었지만 그래도 당신은 하고 싶은 거 다 하면서 잘 살았으니 별로 억울하지는 않겠군요. 이 세상에는 자기가 하고 싶은 일을 전혀 하지도 못하면서 굶주리고 병들어 가는 불쌍한 사람들이 훨씬 많습니다.

조선을 경악시킨
희대의 음녀淫女

- 어을우동於乙于同 -

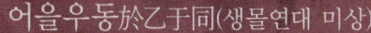

어을우동於乙于同(생몰연대 미상)

조선시대 성종 때 방탕한 생활로 사회적 물의를 일으킨 여성이다.

어우동이라고도 불리는데, 본래 양반 출신으로 성은 박 씨였다.

종실 태강수 이동李수의 아내가 되었으나, 조신하지 못한 행실을 이유로 소박을 맞았다.

그 뒤 사헌부 아전 오종년, 왕족인 이난과 이기를 비롯해 수십 명의 조관 및 유생,

갓 과거에 급제한 홍창과도 난잡한 관계를 가졌다. 결국 풍기문란으로 사형에 처해졌다.

누군가 말하기를 "애초에 이 세상은 공평하지 않다"라고 했다. 운동권 인사들이 들으면 펄쩍 뛰겠지만 사실이 그렇다. 지금도 여전히 사람들은 부와 권력의 유무나 성별의 차이로 차별을 받고 있다. 똑같이 방탕한 성생활을 즐겨도 남자의 경우는 풍류를 즐겼다고 자랑거리가 되는 반면, 여자가 그런 짓을 하면 음탕하다는 등의 악평을 받고 사회적으로 매장되기 일쑤이다.

남녀평등이란 개념이 자리 잡은 요즘에도 그러한데, 하물며 남자와 여자의 성적 차별이 엄격하게 존재했던 조선시대에는 오죽했으랴?

양반가 규수의 화려한 남성 편력 _

조선왕조 500년 중에서 제일 태평성대였던 성종成宗의 시대를 발칵 뒤집어 놓은 사건이 하나 있었으니, 바로 희대의 음녀 어을우동의 무차별적인 간통이었다.

어우동於于同이라고도 불리는 어을우동은 승문원承文院 지사知事을 지낸 박윤창朴允昌의 딸이다. 《연산군일기》에서는 박원창朴元昌이라고 나오지만, 이는 박윤창의 잘못된 표기인 것 같다. 어머니는 정씨鄭氏인데, 그녀 역시 평소부터 음탕하여 남편이 집에 들어오지 않는 밤이면 이부자리에 항상 외간 남자를 끌어들였다고 전해진다. 이런 어머니의 음란함을 미워했는지, 그녀의 아들이자 어을우동의 오빠인 박성근朴成根은 나중에 어머니를 죽이고 만다.

그녀는 어른이 되어 태강수泰江守의 직첩을 받은 왕족 이동李仝에게 시집을 갔는데, 어미가 지닌 뜨거운 피가 그대로 유전된 모양이다. 어느 날, 남편 태강수가 은 세공 기술자를 집으로 불러 은그릇을 만들게 했는데, 그를 본 어을우동은 혹하는 마음이 생겨하녀의 모습으로 변장하고 다가가 넌지시 유혹을 했다.

때마침 연경비燕輕飛라는 기생과 서로 좋아하고 있던 이동은 이 사건을 구실로 삼아 아내의 부정함을 참을 수 없다면서 그녀를 친정으로 쫓아 버렸다. 집으로 돌아간 어을우동은 아직 한창 젊은 나이에 혼자가 된 것을 슬퍼하며 탄식하고 있었는데, 그녀를 따르던 어느 하녀가 이렇게 위로를 했다.

아씨께선 아직 한창 젊으신데 뭘 그리 걱정하고 계십니까? 세상에 널리고 널린 것이 남자입니다. 제가 들으니 사헌부司憲府의 아전都吏으로 있는 오종년吳從年이란 사내가 아씨의 전 남편보다 훨씬 잘 생겼다고 하니 한번 만나 보심이 어떠십니까? 생각이 있으시면 제가 아씨를 위해서 그를 불러 오겠습니다.

당돌하긴 해도 이치에 맞는 말인지라, 어을우동은 좋다며 고개를 끄덕였다. 주인의 허락을 받자 하녀는 신이 나 며칠 후 정말로 오종년을 집으로 데리고 왔다. 젊고 아름다운 과부가 있다는 하녀의 말을 듣고 혹시나 해서 찾아온 오종년은 어을우동을 보자 순식간에 정염의 불꽃에 휩싸이고 말았다. 두 사람은 그날, 바로 정을 통했다.

늦게 배운 바람이 더 무섭다고 했던가. 한 번 넘은 선이니 이젠 거칠 것이 없었다. 섹스의 즐거움을 온몸으로 맛본 어을우동은 이제 가만히 집에 앉아서 남자를 기다리는 게 아니라, 거리로 나서 적극적으로 남자 사냥에 나섰다. 전 남편과 같은 왕족인 방산수方山守의 직책을 가진 이난李瀾의 집 앞에 변장을 한 채로 머무르며 일부러 그의 눈에 띄게 왔다갔다 했다. 어을우동을 발견한 이난은 그녀의 매혹적인 자태에 반했는지, 바로 다가와서 자기 집 안으로 맞아들여 역시 정을 통했다. 이난은 자신의 팔뚝에 먹물로 어을우동의 이름까지 새겨 영원히 잊지 않겠다는 사랑의 징표로 삼았다.

벌써 두 명의 남자와 놀아난 어을우동은 이번에는 단옷날에 화사하게 화장을 하고 도성에 나가 한양 서쪽에서 처녀들이 그네를 뛰는 놀이터를 구경했다. 그네를 뛰고 싶어서가 아니라 처녀들을 보러 온 남자 중 적당한 인물을 골라 애인으로 삼기 위해서였다. 그녀의 계산은 보기 좋게 맞아 떨어졌다. 왕족인 수산수守山守 이기李驥가 그녀의 요염한 모습을 보고 마음이 동해 그녀를 따르는 하녀에게 넌지시 말을 건넸다.

저 아름다운 여인이 어느 집에 사는 누구인고?

먹이가 걸려들었음을 안 음탕한 주인과 종은 의미심장한 미소를 지었다. 어을우동을 대신해 그녀의 하녀는 자신의 주인이 내금위內禁衛의 첩이라고 말했고, 거기에 남편이 없으니 마음껏 놀아보라는 은밀한 암시까지 주었다. 거치적거리는 것이 없음을 안 이기는 그녀를 한양 남쪽의 남양南陽으로 데려가서 뜨거운 성애를 나누었다.

왕실의 남자들을 만나다 _

어을우동이 상대할(?) 다음 인물은 왕실에서 사용하는 의약품을 관리하는 부서인 전의감典醫監의 생도 박강창朴强昌이었다. 그가 어을우동과 처음 만나게 된 계기는 자신이 거느린 종을 팔기 위해 어을우동이 머무는 그녀의 친정집에 찾아온 것이라고 한다. 헌데 그건 아무래도 핑계인 듯하고, 실은 어떻게 해서든 어을우동과 만나 정을 통하기 위해서였던 것으로 보인다. 어을우동을 보자마자 박강창은 그녀가 던지는 추파에 넘어가 바로 그녀와 한 이불 속에서 뒹굴었기 때문이다. 박강창의 정력이 이제껏 상대한 사내 중에 가장 좋았는지, 어을우동은 무수한 내연남 중에서 그를 가장 사랑하여 자신의 팔에 이름을 새기게 했다.

이름을 열거한 상대만 벌써 네 명이 되었으니, 이제 그 바닥에서 어을우동의 명성(?)은 빠르게 퍼져나갔다.

대체 얼마나 대단한 음녀기에 네 명이나 되는 남자들과 놀아났을까? 나도 한번 가봐야겠다.

이근지李謹之라는 자는 이런 생각을 품고서 어을우동의 집에 가서 거짓으로 자신이 방산수方山守의 심부름을 온 사람이라고 말했다. 그러자 어을우동이 나와 이근지를 보고는 마음에 들었던지, 그와 즉석에서 정사를 가졌다.

좀더 스릴 있는 방법을 택한 부류도 있었는데, 어을우동과 담을 마주한 집에 살던 내금위內禁衛의 구전具詮이라는 자는 어을우동이 자신의 집 정원에 있는 것을 보고는 기회는 이때다 싶어 담을 뛰어넘어 어을우동에게 달려갔다. 자신을 노리는 남자를 보고 어을우동은 야릇한 미소를 지었고, 함께 방으로 들어가서는 질펀하게 음사를 벌였다.

구전과 재미를 본 어을우동은 그동안 내로라하는 색골色骨들만 상대하다 질렸는지, 좀 순진한 영계를 물기로 했다. 이제 막 과거에 급제한 햇병아리 홍찬洪璨이 그 목표가 되었다. 홍찬은 다른 과거 급제자들이 했던 것처럼 풍악을 울리고 광대를 거느리며 거리를 행진하던 일종의 퍼레이드인 유가遊街를 한창 벌이고 있던 중이었다. 그런데 거리에서 자신을 바라보고 있던 어을우동의 자태를 보자 그만 넋을 빼앗기고 말았다. 유가를 마치고 나서도 홍찬은 한참 그 생각만 했고, 혹시 그녀를 만날 수 없을까 해서 어을우동이 나타났던 길만 며칠 동안 계속 왔다갔다 했다. 은밀히 숨어 그 광경을 흐뭇한 기분으로 지켜보고 있던 어을우동은 마침내 홍찬 앞에 모습을 드러냈고, 홍찬은 입을 쩍 벌리며 어을우동을 데리고 집에 들어가 실컷 애욕의 옷고름을 풀었다.

희대의 음녀인가 남성 중심 사회의 희생자인가 _

남자들과 하도 많이 정사를 벌이다 보니 어을우동은 이제 누가 조금만 건드리면 바로 끌어안는 욕정의 화신이 되어 가고 있었다. 서리書吏를 지내고 있는 감의향甘義亨이라는 자는 길가에서 그녀를 만나자 따라가면서 희롱을 하고 수작을 걸었다. 요즘 같으면 성희롱이지만, 어을우동은 그런 것에 신경 쓰기는커녕 감의향과 함께 그의 집에 가서 색정을 즐겼다. 감의향은 어을우동이 무척 마음에 들었는지 그녀의 이름을 자신의 등에 새기게 했다.

 한편으로는, 그녀를 협박하여 욕정을 채우려는 자들도 생겨났다. 왕족인 밀성군密城君의 종인 지거비知巨非는 어을우동과 가까운 곳에서 살았는데, 기회를 보아 그녀를 차지할 생각에 부풀어 있었다. 어느 날 새벽, 어을우동이 집을 나가는 모습을 보고는 재빨리 다가가 그녀에게 거짓으로 "내가 그동안 부인이 저지른 일들을 소상히 알고 있으니, 이웃 마을에 모두 말해 버릴 수 있습니다. 하지만 부인이 내가 하자는 대로 하면 그런 일은 없을 것이오"라고 위협했다. 눈치 빠른 어을우동은 지거비가 자신의 몸을 원한다는 것을 알고, 짐짓 두려운 척하며 그를 자기 집으로 불러들여 정을 통했다.

그러나 이렇게 방탕한 생활을 추구하던 어을우동에게도 최후가 다가오고 있었다. "재미나는 골에 범 난다"라는 속담이 있던가? 그녀와 놀아났던 방산수 이난이 다른 여자와도 즐기다가 자신의 아내에게 간통죄로 고발당하고 감옥에 들어갔는데, 심문당하는 과정에서 자신과 어을우동과의 관계를 모두 실토해 버리고만 것이다.

어을우동은 급히 의금부로 압송되었고, 자신과 몸을 섞은 남자들의 이름을 모두 털어놓았다. 그 명단을 접한 의금부 관리들은 화들짝 놀라지 않을 수 없었는데, 그녀가 놀아난 남자들이 워낙 많았기도 하지만 무엇보다 그녀의 놀이 상대 중 상당수가 왕족이나 고위 관리들이기 때문이었다. 더구나 그녀의 남자인 방산수와 수산수는 같은 왕가의 친족 관계이니, 지엄한 왕실의 체통에 이처럼 먹칠을 가하고 모독하는 일은 성종의 치세 무렵에 유례가 없었다.

어을우동의 엽색 행각은 의금부를 넘어 조정에서 직접 회의의 대상이 되었다. 그녀의 처리를 놓고 한 나라의 최고 권력자인 성종 임금과 원로대신들은 치열한 토론을 벌였다. 곤장형에 처하고 유배를 보내는 수준에서 끝내자는 의견도 나왔지만, 성종은 "음탕함을 벌하지 않으면 풍속이 어지러워지고, 백성들 사이에 나쁜 영향을 미칠 수 있다"라는 주장을 엄격히 고수하였다. 결국, 어을우동은 그녀의 방탕한 성관계를 적극 도왔던 하녀와 함께 목을 졸라 죽이는 교형에 처해졌다.

반면, 그녀와 질펀하게 놀아났던 남자들은 곤장을 맞고 유배를 가거나 벼슬을 파직당하는 처벌을 받았으나 처형을 당한 이는 한 명도 없었다. 대부분은 얼마 후, 모두 자신의 원래 직책을 되찾았다. 한 예로 과거에 급제하고 유가를 하다 어을우동과 간음한 홍찬이나 역시 생원시에 급제한 이승언李承彦은 박탈당한 벼슬을 다시 되돌려 받고 정식으로 조정에서 출사까지 했다.

똑같은 음행을 벌여도 여자는 목숨을 잃고, 남자들은 그렇지 않은 것을 보면 어째 불공평한 처사같이 보인다. 하긴, 그런 잣대는 오늘날에도 여전히 남아 있지 않은가?

《성종실록》을 비롯한 역사서에는 어을우동이 넘치는 음욕을 주체하지 못해 남자들을 유혹한 음녀라고 묘사되었지만, 행간을 살펴본다면 오히려 뭇 남자들이 이혼을 당한 미모의 과부 한 명을 성욕의 배출구로 이용하다 버린 것이 아니었을까?

죽은자와의 인터뷰

작가_ 당신이 벌인 엽색 행각을 적은 기록을 보니, 마치 현대 사회에서 촬영한 성인용 영화를 보는 듯한 기분이 들었습니다. 도대체 그 기록들이 모두 사실입니까?

어을우동 _____ 사실이라면 어떻고, 아니라면 어떤가요? 나를 더러운 여자라고 욕할 건가요?

작가_ 아니요. 그럴 생각은 없습니다. 하지만 남자나 여자나 무분별한 성관계를 가지는 건 별로 좋지 않다고 봅니다. 헌데, 그건 내 생각일 뿐 남에게 그렇게 하라고 강요하지는 않습니다. 성욕이라는 건 식욕이나 수면욕과 마찬가지로 지극히 자연스러운 인간의 본능이니까요.

어을우동 _____ 당신 말이 맞아요. 성적 욕망은 사람이라면 누구나 가지고 있는 것인데, 불행하게도 내가 살던 시대에는 그걸 드러내놓고 표현했다가는 죄인으로 낙인찍혀 사회적으로 매장을 당했죠. 아, 물론 권세 있는 왕이나 양반들은 거기서 제외하고, 나 같은 여자들이나 신분 낮은 계층들만 그런 굴레에 얽매여 살았답니다.

작가_ 그건 조선이 아니라 근대 이전의 사회라면 어느 나라나 다 같았습니다. 좌우지간…… 그런 환경에 살던 당신이 갑자기 욕망을 마음대로 분출하고 살았던 이유는 뭡니까?

어을우동 _____ 내가 그렇게 산 원인은 두 가지입니다. 우선, 한참 젊은 나이에 남편에게 버림받고 규방에 틀어박혀 바느질이나 하면서 세월을 보내기에는 내 인생이 너무나 아까웠습니다. 그리고 여자와 소인은 가르치기 힘들다느니, 암탉이 울면 집안이 망한다느니, 과부는 무슨 일이 있어도 재혼하지 말고 열녀로 수절해야 한다느니 하며 고상한 소리를 내뱉던 잘난 양반님네들을 골탕먹일 생각도 있었고요.

작가_ 실제로 당신과 정을 통한 남자 중에는 지체 높은 왕족도 포함되었고, 그로 인해서 한동안 조정이 발칵 뒤집혀졌을 정도니까요. 당신과의 관계가 들통난 왕족들은 곤장을 맞거나 귀양을 가고 다른 양반들로부터 비웃음거리가 되는 등 매우 난처한 입장에 놓이기도 했지요?

어을우동 _____ 그걸 보면서 내심 통쾌했지요. 어디 한 번 혼 좀 나봐라, 하고 말이죠. 하하하.

작가_ 하지만 결국 당신도 수많은 남자와의 내연 관계 때문에 목숨을 잃지 않았습니까? 그렇다면 차라리 그냥 끓는 속을 삭이고 조용히 사는 게 더 낫지 않았을까요?

어을우동 _____ 나도 죽는 순간, 당신이 말한 생각이 머릿속을 스치고 지나가더군요. 내가 왜 이런 짓을 해서 창창한 나이에 죽어야 하나, 사통을 하더라도 티내지 말고 조용히 할 걸 그랬나 하고 후회가 밀려왔죠.

헌데 어쩌겠어요? 〈욕망이라는 이름의 전차〉라는 연극 아시죠? 그 연극의 제목처럼 한 번 욕망의 질주를 하고 나니 나 자신을 제어할 수 없더군요. 돈

욕심에 미치면 돈에 목숨을 걸고, 식욕에 미치면 몸을 망치면서까지 과식을 하듯이, 성욕에 미치니 그저 어떻게 하면 더 짜릿하고 쾌락을 느낄 수 있나 만을 갈구하게 되었답니다.

작가_ 어찌 보면 당신도 당신의 본능을 제어하지 못한 나약한 인간이군요.

어을우동 _____ 그나저나 왜 나를 이 책에 넣은 거죠? 내가 '악인'의 범주에 들어가나요?

작가_ 당신이 악한 인간이라는 뜻은 아니니 오해하지 마십시오. 그나저나 당신이 조선 시대가 아닌 현대에 살았다면 최소한 목숨을 잃는 일은 없었겠죠.

어을우동 _____ 그럴지도 모르죠. 좌우지간 난 시대를 잘못 태어난 것 같다는 생각이 들어요.

작가_ 내가 사는 세상에 당신이 태어나서 똑같은 일을 했다면, 도덕적으로 지탄을 받기는 해도 죽지는 않았을 테니 말입니다. 하지만 별로 좋은 소리는 듣지 못했을 것 같습니다. 호기심이나 화젯거리는 되었을지 몰라도.

어을우동 _____ 그러고 보면 당신은 참 좋은 환경에 살고 있는 줄 아세요.

10

침략자에 협조한 민중들

─ 사화동沙火同, 국경인鞠景仁 ─

사화동沙火同(생몰연대 미상)·국경인鞠景仁(?~1592)

사화동은 진도 출신의 조선인으로 일본으로 건너가 충성을 맹세하였다.

진도 출신이라 전라도 일대의 지리에 밝아 일본군의 길잡이로 활동하며 정해왜변 당시

조선에 큰 피해를 입혔다. 국경인은 조선 중기 회령부 아전으로 임진왜란 때

무리를 모아 반란을 일으켰다. 피난 와 있던 왕자 임해군과 순화군을 포박해, 왜장에게 넘겨주었다.

유생 신세준, 오윤적 등에게 붙잡혀 참살당했다.

외세의 앞잡이가 되어 조국에 막대한 해를 끼치는 매국은 고위층만 저지르는 것일까? 그렇지 않다. 힘없고 돈 없는 일반인도 기회가 되면 얼마든지 매국노가 될 수 있다.

1587년, 조선의 남쪽 해안에 있는 손죽도損竹島에 왜구들이 침입했을 때와 1592년, 임진왜란이 일어났을 당시 수많은 민중들은 침략자인 일본군을 도와 그들에게 협조했다. 그들의 이름을 일일이 거론할 수는 없으니 이 장에서는 그 대표적인 인물이라고 할 수 있는 사화동과 국경인 두 사람의 예를 들어 보기로 하겠다.

토사구팽당한 배신자 _

1587년, 대마도와 오도五島의 왜구들은 조선 남쪽 해안의 손죽도損竹島에 쳐들어와 한바탕 살인과 약탈을 저질렀다. 그런데 그들 중에는 길잡이 노릇을 해주는 사람이 한 명 있었으니 그는 사화동沙火同이라는 이름을 가진 조선인이었다. 조선인이 어째서 왜구와 결탁해서 그들과 한패가 되었을까?

사건의 진상은 그로부터 1년 후에 밝혀진다. 손죽도에 침입한 왜구들에게 잡혀간 수군 병사인 김개동金介東과 이언세李彦世는 오도로 끌려가게 되었는데, 그곳에서 사화동을 만났다. 그들을 만

나는 자리에서 사화동은 자신이 본래 전라남도 진도 출신이며, "조선은 부역이 매우 고되고 전복全鰒을 끝없이 징수하여 감당할 길이 없다. 이곳은 풍속과 인심이 매우 좋아서 살 만한 곳이다"라는 말을 남겼다. 이로 미루어 볼 때, 사화동은 조선에서 어부로 살았던 것 같다.

사화동은 왜구들에게 잡혀간 뒤 그들에게 온갖 충성을 다해 신임을 얻었다. 그들도 자신들에게 충성하며 조선의 수로와 뱃길을 알려주어 약탈에 도움을 주는 사화동이 기특했던지, 일본식 관복에 관대冠帶까지 내려주었다. 이 선물들이 무척 자랑스러웠는지, 사화동은 이를 항상 몸에 지니며 뽐내고 다녔다.

하지만 사화동의 그런 영화는 오래가지 못했다. 김개동과 이언세는 남쪽의 노예 시장으로 팔려가던 중 달아나 중국 남부에 표류하다 조선인 사신을 만나 그들에게 구출되었다. 조선으로 돌아가게 된 두 사람은 사화동의 존재를 조선에 알렸고, 한양의 조정은 사화동의 이야기를 듣고 발칵 뒤집어졌다. 아니, 도대체 어떤 놈이기에 조선의 백성이 되어서 저 흉악무도한 왜구들의 앞잡이 노릇을 했단 말인가? 게다가 왜인의 관복까지 얻어 입고 떵떵거리며 살고 있다니? 이건 도저히 용납할 수 없는 일이었다.

때마침 오도의 주민들 역시, 사화동을 필두로 조선을 공격했다가 그 대가로 조선과의 무역이 단절되어 살 길이 막막해진 상태였다. 국교를 다시 열기 위해 조선을 방문하자, 그들에게 조선 조정은 한 가지 타협안을 내놓았다. 바로 손죽도 침범 사건의 주동자 노릇을 했던 사화동을 조선으로 넘겨 달라는 내용이었다.

조선의 제안을 접한 왜인들은 잠시 고민하다가 그 제안을 받아들였다. 침공의 길잡이 노릇을 해주었다지만, 사화동은 어차피 동족이 아닌 조선인이다. 게다가 그 놈만 없어져 주면 나머지들은 먹고 살기에 아주 편해지니, 그를 보호하기 위해 전체 주민들의 생계를 막을 필요가 무에 있겠는가?

결단을 내린 왜인들은 지체 없이 사화동을 포박하여 조선으로 보냈다. 아울러 포로로 잡혀 온 조선인 116명과 죽어도 아까울 것 없는 사형수 3명도 함께 보냈다.

이거 놔라! 나는 조선으로 돌아가지 않겠다! 아니, 돌아갈 수 없다! 너희들은 내가 한 일을 잊었느냐? 내가 나서서 너희들의 길잡이를 해준 덕분에 너희가 싸움에서 승리할 수 있지 않았더냐! 나를 데려와서 관복과 관대까지 입혀 주며 대우해 줄 때는 언제고, 이제 와서 쓸모가 없어지니 도로 헌신짝처럼 내다 버리겠다는 말이냐! 이 의리도 없는 놈들아!

졸지에 토사구팽당한 사화동은 악을 쓰며 발버둥쳐 보았지만, 이미 그의 운명은 끝난 상태였다.

장대에 목이 걸리다 _

조선에 도착한 사화동은 한양 궁궐의 인정전仁政殿으로 끌려갔다. 그곳에는 국왕 선조와 문무 대신들이 모두 모여 그가 오기만을 기다리고 있었다. 사화동이 당도하자, 임금과 대신들은 그를 노려보며 온갖 욕설을 퍼부었다.

나라의 은혜를 저버린 천한 놈!

왜구에 빌붙은 짐승만도 못한 역적 같으니!

너는 어찌하여 세상에 나와 온갖 해악을 끼쳤느냐?

여기가 조선이라 다행이지, 저 중국 같았으면 네 몸뚱이에 붙은 가죽은 모두 산 채로 벗겨졌을 것이다!

저런 놈은 일가친척까지 모두 삼족을 멸해야 마땅하다!

의자에 앉힌 사화동은 곧바로 가혹한 고문을 받았다. 주리를 비틀고, 깨진 사기 조각들 위에 무릎을 꿇리고, 인두로 생살을 지지는 등 고통을 견디다 못해 기절하면 찬물을 끼얹어 깨어나게 한 후 다시 고문을 가했다.

선조는 문무 대신들을 대표해 사화동을 꾸짖었다. 그 말이 무엇이었는지는 확실치 않으나 아마 다음과 같은 것이 아니었을까?

너도 이 나라의 백성일진대, 어찌하여 저 흉악한 왜적들과 한패가 되어 고향을 침범하게 하였느냐? 네 동족들을 살육하여 얻은 부귀영화가 그토록 자랑스러웠더냐? 왜인들과 함께 섞여 칼을 휘두를 때, 정녕 통쾌했더냐? 너와 같은 백성들이 슬피 울며 지르는 비명소리가 듣기 좋았더냐? 입이 있으면 어서 대답해 보거라!

선조의 질책에 사화동은 뭐라고 변명했을까? 사서에 전혀 기록되어 있지 않으니 알 수 없다.

"내가 이 나라에 태어나서 얻은 게 뭐가 있소? 당신들 같은 양반네들이 우리 같은 천한 무지렁이들에게 해준 게 무엇이 있단 말이오? 내가 어부 일을 하며 살아갈 때도, 나라에서는 온갖 명목으로 애써 캐낸 전복과 해산물들을 몽땅 가져갔소. 그러고도 모자라 툭하면 관아로 끌고 가 곤장을 치기 일쑤였소. 그런 나라와 양반네들이 미워서 왜구가 되어서라도 몽땅 쳐 죽이고 싶었소! 내가 조금이라도 더 칼을 휘둘러 양반들을 죽이지 못한 것이 원통하고 분할 뿐이오. 이제 나는 붙잡혔으니, 어서 내 목을 치시오!"하며 당당하게 굴었을까?

"아이고, 상감마마. 소인이 무지하고 어리석어 죽을죄를 지었사옵니다. 소인도 결코 왜놈들의 앞잡이가 되고 싶어서 된 것은 결코 아니옵니다. 사실대로 말씀드리자면, 소인도 고향 마을에 쳐들어온 왜놈들에게 붙잡혀 끌려가, 어쩔 수 없이 놈들의 협박을 받아 길잡이를 하게 된 것뿐이옵니다. 왜놈들의 수중에 있으니, 그놈들이 하자는 대로 하지 않으면 꼼짝없이 죽을 판국이니, 소인이 어쩌겠습니까? 고향에 계신 소인의 늙은 어미와 자식들을 보아서라도 제발 이 버러지, 개똥만도 못한 목숨이나마 붙여 주시옵소서……." 이렇게 비굴하게 나왔을까?

어느 쪽이 사화동의 말이었는지는 모른다. 그가 선택한 인생 여정으로 보아서는 첫 번째의 반응도 있을 법하다. 하지만 달리 생각해 본다면 조금이나마 살고 싶은 욕심에 자신을 비하하며 애타게 매달리지는 않았을까?

사화동의 선택이 무엇이었든 그는 살아날 수 없었다. 어차피 사화동은 조선과 일본 양쪽 모두로부터 버림받은 처지였다. 조선에서는 나라를 배신한 역적을 반드시 일벌백계하여, 장차 왜구와 손을 잡는 자들을 향한 경고를 주어야 했다. 일본 쪽에서도 생업에 필요한 무역이 이루어졌으니, 더 이상 사화동은 이용가치가 없었다.

결국 1589년 7월 1일, 사화동은 한양 도성 밖에서 참수형에 처해졌다. 형을 집행하는 관원들과 이를 구경나온 수많은 백성이 지켜보는 가운데, 망나니가 한바탕 칼춤을 추다 어느 순간 몸짓을 멈추고 칼을 내리치자, 사화동의 목은 붉은 피를 그리며 땅바닥에 떨어졌다. 장대에 매달린 그의 목은 살점이 모두 떨어져 나가 하얀 백골만 드러날 때까지 썩은 냄새를 진하게 풍겼다.

조선에서 나고 자랐지만, 왜구가 되어 고국에 복수를 하다 애써 의탁한 왜인들에게도 배신당해 다시 조선으로 끌려와 처형당한 파란만장한 사화동의 인생은 이렇게 해서 막을 내렸다.

불만을 품은 민중의 배신 _

사화동과 비슷하면서 더 큰 활약(?)을 한 매국노가 바로 국경인鞠景仁이다. 임진왜란 때, 침략해 온 일본군에 저항한 조선인도 많았지만 그들에게 적극적으로 협조한 조선인도 적지 않았다. 가장 대표적인 경우가 여기서 설명할 국경인이다.

조선이 세워진 이래 반란이 자주 일어나 조정에서 인재를 등용하지 않고 방치해 두었던 함경도는 추운 북쪽에 위치한 변방이었다. 특히 그곳의 끝자락인 회령은 여진족들이 자주 쳐들어와 약탈을 일삼아 조선 백성 중 누구라도 가기 꺼리는 곳이었다. 그래서 조선에서는 중죄를 지은 범죄자들을 함경도로 유배 보내 평생 그곳에서 살게 하는 형벌을 내릴 정도였다.

국경인도 그런 범죄자였다. 그는 본래 전라남도 전주 출신이었는데, 중죄를 짓고 함경도 회령으로 추방된 죄인이었다. 그는 관아에서 일하는 아전이 되었는데, 춥고 황량한 변방 생활을 하면서 나라로부터 버림받았다는 느낌에 항상 마음속 깊이 불만을 품고 있었다(비단 국경인만이 아니라 대부분의 함경도민들이 그랬다).

그런데 1592년 4월 28일, 임진왜란이 발발하면서 그의 인생은 급변하게 되었다. 전무후무한 일본군의 대규모 침공을 당한 조선군은 육전에서 연패를 거듭하며 순식간에 수도 한양을 내주고 국왕 선조는 국경의 끝인 의주까지 몰렸다. 전국 각지는 일본군에게 짓밟혔으며, 이제 그들 중 가장 사나운 무리인 가토 기요마사加藤清正가 이끄는 군대가 조선의 북방 변경인 함경도까지 진격해 온다고 한다.

가뜩이나 일본군의 침공으로 불안한 민심을 더욱 자극한 것은 함경도로 피난 온 두 왕자들의 행패였다. 선조의 아들인 임해군과 순화군은 평소에도 백성들을 상대로 폭력과 약탈을 일삼아 악명이 높은 망나니였다. 특히, 임해군은 하인들을 시켜 남의 여자를 빼앗고 민가에 들어가 물건을 함부로 가져오라고 지시하는 짓을 저질러 한양 백성들로부터 원성이 자자했다. 선조가 전란을 맞아 한양을 버리고 개성으로 도주했을 때, 이 소식을 들은 백성들은 임해군의 집으로 달려가 모조리 불을 질러 버렸다. 또한 그곳의 선비 1000명이 선조가 머무는 행재소 앞으로 몰려와 "임해군을 처벌하소서!"라는 청원을 했을 정도로 임해군은 조선 백성들의 증오를 한 몸에 받고 있었다.

선조는 교활한 책략가였다. 위기를 맞아 자신을 보는 백성들의 따가운 시선은 그에게 적지 않은 부담이었다. 거기에 말썽만 부리는 아들들까지 있으면 언제 백성들의 분노가 폭발할지 모르는 일이다. 궁리 끝에 선조는 임해군과 순화군을 자신에게서 떼어 놓기로 했다. 그리고 그들에게 지방을 돌며 백성들의 민심을 위로하고 의병을 모집해 오라는 지시를 내렸다. 명목은 그랬지만 그것이 실현 불가능한 일임은 선조나 두 왕자 본인들도 잘 알았다.

부친의 당부에도 불구하고 두 왕자들은 평소의 버릇을 고치지 못했다. 특히, 편안한 궁궐에 앉아 평생 호사스러운 생활만 누려오던 그들에게 춥고 험한 함경도 생활은 그 자체가 고생이었다. 아무리 옷을 껴입어도 춥고, 음식을 먹어도 배가 고팠다. 더구나 이런 외진 곳에 왔다는 사실이 두 왕자에게는 무척이나 불만스러웠다. 어느새 임해군과 순화군은 평소에 하던 대로 백성들에게 옷과 음식을 강제로 빼앗는 일을 벌이기 시작했다. 하지만 함경도 주민들에게 그것은 거지의 밥그릇을 빼앗고 뺨을 때리는 폭거나 다름없었다. 자신들이 먹을 음식과 입을 옷가지도 부족한데, 왕자 일행들이 그것마저 빼앗아 가자 민심은 급속히 싸늘해졌다. 식견이 있는 지방관들이 나서서 말려 보려고 했지만, 그래도 명색이 왕자이니 처벌할 수도 없었다.

분노한 백성들 _

이런 상황에 가토 기요마사의 등장은 불을 부어 버렸다. 그는 1592년 6월 1일, 철령 고개를 넘어 함경도로 진입하면서 "우리는 새로운 임금을 세우고 너희들을 잘 살게 해주겠다. 항복하는 주민들은 결코 해치지 않으니, 안심하고 나와 우리를 맞으라"하고 외치며 통행증을 뿌렸다. 무섭게만 여겨지던 일본군이 뜻밖에도 난폭한 행위를 하지 않는 모습을 보자, 함경도 백성들은 그동안 억눌려 있던 나라와 조정에 대한 불만을 터뜨리며 적군의 앞잡이로 돌변했다.

　함경도를 지키고 있던 남병사 이혼李渾과 병마절도사 한극함韓克誠은 일본군과 교전했으나 병력이 너무 적은 데다 조총으로 무장한 일본군을 당해내지 못하고 일패도지一敗塗地했다. 이혼은 달아났다가 일본군과 내통한 백성들에게 붙잡혀 죽임을 당했고, 한극함은 여진족의 영토로 넘어갔으나 도로 그들에게 붙잡혀 일본군에게 넘겨졌다. 함경감사 유영립柳永立은 일본군이 쳐들어오자 도망쳤으나 역시 친일 반역자들에게 생포당해 일본군에게 넘겨졌다. 명천과 종성에서는 관가의 노비들이 반란을 일으켜 관아를 점거하고 관원들을 붙잡아 적에게 내주었다. 이처럼 함경도는 분노한 백성들의 손에 의해 지배 질서가 완전히 붕괴되기에 이르렀던 것이다.

자신들을 지켜 줄 군대도 없어지고 주민들이 적개심을 품고 반민 행위를 일삼자 겁에 질린 임해군과 순화군은 국경의 끝인 회령까지 도망쳤다. 그러나 그곳에서도 그들은 무사하지 못했다.

회령의 아전 국경인은 일본군이 승승장구하고 함경도 백성들의 민심이 조선 왕실로부터 등을 돌렸다는 사실을 알았다. 그는 자신과 비슷한 처지였던 숙부 국세필鞠世弼과 짜고서 회령의 군사들과 무뢰배들을 선동하여 두 왕자를 붙잡아 일본군에 넘기는 경천동지할 일을 저지르기에 이르렀다.

순변사 이영李瑛과 부사 문몽원文夢轅이 이 일을 막아 보려고 했으나 국경인이 그 사실을 미리 입수하고 부하들을 보내 군관들을 죽이자 겁이 난 그들은 달아나 버렸다.

왕자 일행을 가토 기요마사에게 넘긴 대가로 국경인은 가토로부터 판형사제북로判刑使制北路라는 관직을 받았고, 그의 숙부인 국세필과 다른 일당들도 허울뿐인 벼슬을 얻고서 의기양양했다.

이렇게 해서 여진족과 마주한 함경도 북방 최전선인 회령마저 일본군의 수중에 들어갔다. 여러 성과 요새들의 병사들이 모두 관리를 붙잡고 배반하며 항복하였으므로 일본군은 함경도에 들어온 지 한 달도 안 되어 피 한 방울 흘리지 않고 대부분의 지역을 점령하게 된 셈이었다.

이대로 일본군과 반민들의 손에 계속 지배될 것만 같았던 함경도의 상황은 그러나 얼마 지나지 않아 급변하게 되었다. "이제 얼마 있지 않아 명나라 군사가 올 터인데, 그럼 일본군을 도운 함경도는 역적의 소굴로 간주되어 토벌을 당한다!"라는 소문이 퍼졌으며, 가토가 지휘하는 일본군도 식량 부족과 추위에 시달리면서 함경도 백성들을 상대로 양식과 옷을 빼앗고 반항하는 백성을 가차없이 죽이자 일본군에 대한 백성의 인심이 점차 차갑게 얼어붙고 있었다.

일본군의 손길을 피해 한동안 몸을 피한 채, 민심의 동향을 살펴보던 북평사 정문부鄭文孚는 일본군에 대한 주민들의 심기가 적대적으로 변해 가고, 조정에서 명군을 끌어들여 일대 반격을 하려한다는 조짐을 파악하자 지금이 바로 일어설 때라고 판단했다.

그는 제자 지달원, 최배천 등과 함께 은밀히 뜻있는 선비들과 무사들을 규합했다. 수백 명의 함경도 지방 군사들과 선비, 무사들이 모였고 그들은 정문부를 의병장으로 추대했다.

정문부가 이끄는 의병대는 경성 사람인 전 만호 강문우姜文佑를 선봉에 내세워서 국경인의 숙부인 국세필이 다스리던 부성府城에 이르렀다. 정문부가 강문우를 보내 "관북의 여러 사람들이 우리를 따르고 있다. 항복하면 살려두겠지만, 저항하면 살아남지 못할 것이다"라고 위협하자 국세필은 대적하지 못할 것을 알고는 성문을 열어 맞아들였다.

정문부는 "크고 작은 병사와 백성들이 예전에 범한 죄는 문책하지 말라"는 명령을 내렸고, 국세필에게 예전처럼 그대로 군사를 거느리게 하였다. 아마 일단 국세필 일당들을 안심시켜 놓은 뒤에, 부성을 근거지로 삼아 의병들을 더 모으고 그렇게 해서 세력을 탄탄히 다진 다음 국세필 일당들을 제거하려 했던 계책의 일환으로 보인다.

부성을 제압한 정문부는 각 성읍에 격문을 퍼뜨렸다. 그것을 본 종성鍾城의 무사 김사주와 경성인 오박 등이 병사들을 거느리고 달려왔고 종성 부사 정현룡과 경원 부사 오응태, 경흥 부사 나정언과 고령 첨사 유경천, 군관 오대남 등은 산 속에 숨어 대세를 관망하고 있던 중 정문부가 의병을 일으켰다는 소문을 듣고 와서 모였다.

이렇게 해서 함경도 의병들의 수는 3000명으로 늘어났다. 의병 중에서 날래고 용맹한 기병들을 뽑아 선봉대를 조직했고 이를 유경천柳擎天이 거느렸다.

길주에 주둔한 일본군이 이 소식을 듣고 100명의 군사를 보내 성의 서쪽에 와서 정황을 알아보게 했는데, 강문우가 선봉 기병대를 이끌고 성문을 열고 나가 공격하여 수십 명을 참살하자 남은 왜병들은 달아났다.

일단의 일본군 병력을 격퇴시키자 의병들은 자신감을 얻었고,

부성의 백성들도 안정을 찾아가고 있었다. 각 지휘관들은 군사를 출동시킬 날짜를 가려 출발하려 했으나 그전에 먼저 할 일이 있었다. 바로 일본군과 내통했던 국세필 등의 반역자들을 처단하는 일이었다.

정문부는 국세필과 그 일당 13명을 잡아 참수하여 여러 사람들에게 보여 주면서 "애당초 왜적과 내통해 역모를 하는 데 앞장선 자들은 이들뿐이며, 이밖에는 참여한 자가 없으니 성 안 사람들은 안심하라" 하고 말하니, 많은 사람이 기뻐하였다. 일본과 내통한 수천 명의 백성을 전부 처벌하려 했다가는 심한 반발을 사고 폭동이 일어날 우려도 있었다. 최소한의 처벌로 불안한 민심을 수습하고 백성들을 안심시키는 정문부의 이러한 조치는 현명한 일이라고 봐야 한다.

나라를 판 자의 마지막 _

국세필 일당을 처단했으니 이제 남은 것은 국경인 차례였다. 정문부는 육진에 격문을 보내어 "수천의 의병들이 정의의 깃발을 들고 일어섰으니, 이제 곧 함경도는 회복될 것이며 왜적도 물러갈 것이다. 누구든 의기 있는 자는 역적 국경인의 목을 쳐 죄인의 굴레를 벗고, 나라에 공을 세우라!"라고 외쳤다.

이 격문은 순식간에 퍼져나갔고, 글을 읽은 회령의 유생 신세준申世俊은 동료 유생들과 군사들을 모아 국경인이 사는 집을 포위하고 불을 질렀다. 갑작스러운 화재에 놀라 집 밖으로 뛰쳐나오는 국경인을 신세준과 다른 유생들이 참살하였고, 이로써 함경도 제일의 반역자는 숙부와 함께 더러운 이름을 남기고 사라졌다.

이듬해인 1593년 1월 28일에는 길주성도 수복됨으로써 이것으로 함경도에서 매국노의 자취는 완전히 사라진 듯했다.

그러나 국경인과 국세필이 죽은 뒤에도 그들의 패거리는 한동안 함경도 일대에서 은연중에 활동했다. 1593년 4월 20일, 조정에는 함경도 회령부 출신으로 국경인과 짜고서 임해군과 순화군을 일본군에게 넘겨준 이언우와 함인수, 정석수 등을 처형하였다는 보고가 올라왔다. 이 셋은 삼대장三大將이라고 자칭하면서 국경인을 왕으로 추대하려고까지 했다.

두 달 후인 6월 26일에는 회령 부사 정기룡이 "왕자와 여러 신하들을 붙잡아 일본군에 넘겨준 김수량 등 16인을 모두 체포하여 처형했다"라고 보고했다. 김수량은 앞의 세 사람과 마찬가지로 국경인의 일당으로 여겨진다.

이로부터 한참 시간이 지난 4년 후인 1597년 4월 14일자 《선조실록》에는 국경인의 잔당인 이응량이 한양에서 체포되었다는 기록이 있다. 그런데 그 내용이 재미있다. 이응량은 원래 국경인의 반란에 가담했다가 그가 처형되자 도망쳐서 4년 동안 숨어 있다가 과거를 보기 위해 슬그머니 한양으로 올라오던 중 체포되었다. 그를 체포한 당사자는 국경인을 죽였던 신세준이었다. 아마 세월이 흘렀으니 자기를 알아보는 자가 없으리라고 생각했다가 하필 재수 없게도 자신의 정체를 기억하고 있던 신세준에게 발각된 것이다.

임진왜란 기간 중 국경인은 가장 큰 해악을 끼친 반역자였다. 그래서인지 조선 후기에는 그의 이름이 매국노의 대명사로 불려졌다. 한 번의 행적이 수백 년 동안 전해져 내려오면서 지탄의 대상이 된 것이다.

작가_ 당신은 조선에서 자랐으면서, 어떻게 왜구들과 함께 살 생각을 한 겁니까? 당신도 원해서 왜국으로 간 게 아니라 포로로 끌려갔으면서, 가족이 남아 있는 고향에 가고 싶다는 생각은 하지 않았습니까?

사화동 _____ 돌아가서 뭘 어쩌라는 거요? 다시 나라에서 요구하는 대로 힘들게 물질하며 캐낸 전복과 생선들을 몽땅 갖다 바치고, 툭하면 관아에 불려가 매질이나 당하는 노예처럼 살라고? 당신 같으면 평생 그렇게 하다가 살 수 있을지 몰라도, 나는 아니라구!

작가_ 당신의 심정도 이해가 가기는 합니다. 하지만 그렇다고 자신과 똑같은 처지로 살아가던 사람들에게 칼을 들이대고 살육을 자행해야만 했습니까?

사화동 _____ 왜 사람들은 역사를 판단할 때 자꾸 완벽한 잣대를 요구하는 거요? 이 세상을 살면서 도덕적으로 완벽한 인간이 대체 어디 있단 말이오? 그래, 나는 나쁜 놈이오. 그걸 부정할 생각은 없어. 하지만 그렇게라도 하지 않았다면 내가 어떻게 되었을 것 같소? 조선에서보다 왜구들한테 먼저 목이 잘렸을 거요. 그리고 솔직히 말해서, 나는 조선에서 살 때보다 왜국에서 살 때가 더 좋았다오. 조선에서는 가축처럼 혹사당하면서 사람대접도 못 받고 살다가, 왜국에 와서 노략질에 몇 번 앞장을 서주니까 관복과 관대도 내려주고 집도 주는 바람에 비록 짧았지만 조선에서보다 훨씬 행복했소.

작가_ 조선에 대한 죄책감이나 애국심 같은 건 전혀 못 느꼈나요?

사화동 _____ 애국심? 흥! 백성이 나라에 충성하기를 바란다면 그럴 토대부터 닦아 줄 일이야. 아무것도 해준 것 없이 실컷 핍박만 하고서 무조건 충성하라고? 그건 미덕이 아니야. 영락없는 노예의 삶이지. 오스카 와일드라는 서양 선비가 그런 말을 했다지? "애국심은 악당이 숨는 마지막 요새다."

작가_ 하긴, 국민들에게 쉴 새 없이 애국을 강요하던 지배층들은 정작 그 '애국'이 필요한 시기가 되면 전혀 애국적이지 않은 행동들을 서슴없이 하죠. 1997년 외환위기 때도 정부와 언론에서는 일반 시민들을 상대로 장롱 속에 숨은 금반지나 금귀고리라도 꺼내서 나라에 바치라고 선동을 했지만, 금괴나 금두꺼비를 가진 부유층들은 전혀 그러지 않았습니다.

사화동 _____ 부패한 위정자들이 사회의 상층부를 차지하고 있는 상황에서 충성이나 애국을 해봤자, 결국 그 놈들의 배만 불려 주어 국민의 고통을 더 가중시키는 꼴밖에 되지 않소.

작가_ 좋아. 그건 그렇고 선조 앞에 끌려 나갔을 때는 대체 무슨 말을 한 겁니까?

사화동 _____ 마음대로 생각하시오. 내가 선조와 양반들을 욕하며 당당하게 굴었는지, 아니면 목숨을 구걸하며 비굴하게 나왔는지.

작가_ 그렇다면 국경인 당신은 임진왜란 때 저지른 일로 조선 후기에 대표적인 매국노로 불렸다던데, 거기에 대해 할 말이라도 있습니까?

국경인 _____ 매국 같은 소리하고 있네. 이봐, 난 애국자였소!

작가_ 애국? 당신이 언제 애국을 했단 말이오?

국경인 _____ 썩어 빠진 조선을 버리고 새 나라 일본에 충성했잖소! 그게 애국이지 뭐요?

작가_ 나를 학대한 자는 원수고, 나를 맞아 주는 자는 임금이다. 그런 얘기인가요?

국경인 _____ 그래. 솔직히 말해서 일본군처럼 민폐도 안 끼치고 잘 대해준 군대가 어디 있어? 나 같은 놈이야 관군보다 일본군이 더 고맙지.

작가_ 하지만 가토의 일본군이 당신한테는 그랬을지 몰라도, 함경도 주민들에게는 아니었을 겁니다. 처음에 쳐들어 왔을 때야 공작 차원에서 잘 해줬을지는 몰라도 조금 시간이 지나서 자기들도 춥고 배고파지니까 백성들 상대로 음식과 옷가지를 빼앗아가는 바람에 민심이 돌아서 버리지 않았습니까? 또, 일본군이 정문부가 이끄는 의병에 밀려서 쫓겨났을 때는 민가들을 몽땅 불태워 버렸고. 한양에서 철수할 때는 더 심했죠. 주민들이 조명 연합군과 내통할까 봐 거리 곳곳에서 주민들을 기둥에 묶어 놓고 몽땅 창으로 찔러 죽이고 도망가는 잔인무도한 짓까지 벌였는데 그건 어떻게 생각합니까?

국경인 _____ 젠장! 그놈들이야 그놈들 사정이고 어쨌든 나는 일본군에 붙어서 행복했다니까? 죄짓고 함경도로 유배왔다가 겨우 관아 아전이나 해 먹던 내가 가토한테 항복한 덕분에 판형사제북로라는 벼슬까지 얻고 떵떵거리고 잘 살았으면 된 거지 뭐가 잘못이라고 계속 따지는 거요?

작가_ 나만 잘 먹고 잘 살면 다른 사람들이야 어떻게 되든 상관없다 그런 겁니까?

국경인 _____ 그래, 어쩔 거요?

작가_ 이제 보니 당신은 조선 왕조나 양반들을 욕할 자격 없어! 결국, 당신도 그들과 똑같은 놈들에 불과해!

11

왕실을 청군의 손아귀에
넘겨준 무능력의 극치

— 김경징金慶徵 —

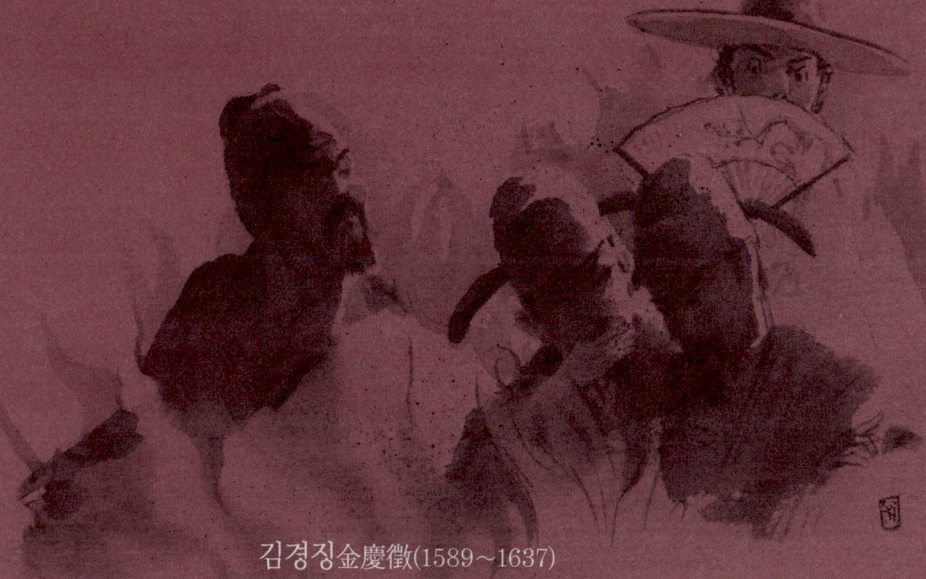

김경징金慶徵(1589~1637)

1623년(인조 1년) 인조반정 때 세운 공을 인정받아 정사공신 2등에 책록되고 순흥군에 봉해졌다.

그해 개시문과에 병과로 급제하였고, 뒤에 도승지·한성부판윤을 지냈다.

병자호란 때 강도 검찰사로 부임하였으나, 사리사욕을 채우기에만 바빠

아무런 대책도 강구하지 않고 매일 술만 마시는 생활을 계속했다. 이후 강화도가 함락당하자,

수비 실패를 이유로 대간에게 탄핵을 받아 사사賜死되었다.

역사 속의 무수한 악인 중 어느 종류가 가장 꼴불견일까? 최충헌처럼 자수성가한 악인이라면 도덕성은 둘째치고라도 능력은 어느 정도 인정할 수 있다. 하지만 그런 능력도 없이 권세가에 빌붙어 행패를 부리는 인물이라면 어떨까? 요즘에도 심심치 않게 문제가 되고 있는 재벌 2세들의 망나니짓이 가장 꼴사납게 느껴지는 것은 나뿐만이 아닐 것이다.

한국 역사상 가장 무능력하고 또 그로 인해 나라와 백성에 크나큰 해악을 끼친 인물이라면 나는 주저 없이 병자호란 당시의 김경징을 꼽고 싶다. 원균元均과 비슷하다고 할 수 있지만, 최소한 무관 출신인 원균에 반해 김경징은 어떠한 전공도 세우지 못했으면서 오직 아비의 후광 하나만으로 권좌에 올라 무수한 패악질을 일삼은 최저의 악인이었다.

무능력이야말로 죄악이다 _

인조반정의 주역인 김류*의 아들이었던 김경징은 부친과 함께 인조반정에 참가하여 1623년 2등 정사공신靖社功臣의 벼슬을 받았으며, 같은 해에 문과에 급제해 공조 참판의 자리에 올랐다. 이 같은

---

* 조선 중기의 문신으로, 인조반정 때 정사 1등 공신에 책록되었으며, 이조판서·좌의정·도체찰사·영의정 등을 역임하면서 인조 재위기의 정국을 주도하였다. 그러나 병자호란 이후로는 뚜렷한 정치적 입장 표시보다는 왕의 측근에서 원만히 처신하였다.

출세는 그의 노력 때문이라기보다는 전적으로 아버지인 김류의 입김에 의한 것이었다.

이후 김경징은 공조 참판에서 대사간과 도승지를 거쳐 오늘날 서울시장쯤 되는 직위인 한성부판윤이 되었는데, 평소에도 아버지의 권세를 믿고 안하무인격으로 행동하여 많은 사람들로부터 미움을 받았다.

1637년, 청 태종 홍타이지가 10만 대군을 이끌고 조선을 침입해 병자호란이 일어나자 조정은 당황한 끝에 정묘호란 당시처럼 피난길을 선택한다. 인조와 세자는 남한산성으로 들어가 농성하고, 다른 왕실 가족과 대신들의 인척들은 강화도로 피난을 떠나기로 결정을 내렸다. 강화도는 옛날 몽골군의 30년 침략에도 버틴 요새이고, 더구나 바다로 둘러싸인 섬이기에 물에 약한 청군이 감히 넘어오지 못할 것이라고 여겨 그리한 것이다.

인조는 왕실 일행이 머물게 될 강화도의 방위 책임자로 김경징을 선택하고 그에게 강도검찰사江都檢察使의 직위를 내렸다. 국난을 맞아 어려운 시기에 중책을 맡겨 공을 세워 보라는 뜻의, 반정 공신의 아들에게 주는 선물이었다. 아울러 병조 판서 이성구의 동생인 부제학 이민구李敏求를 부사副使로, 좌의정 홍서봉의 아들인 수찬 홍명일洪命—을 종사관으로 삼아 함께 김경징을 보좌하도록 하였다.

그러나 인조의 이러한 인사에 조정 대신들과 선비들은 깊은 우려를 나타냈다. 특히 평소 김경징의 행실을 잘 알고 있던 사람들은 과연 김경징이 청군의 위협에 맞서 왕실 일가와 대신들의 가족을 지켜내는 막중한 임무를 수행할 만한 그릇이 되는지에 대해서도 무척 회의적인 태도를 보였다.

다른 두 명의 보좌역인 이민구와 홍명일도 마찬가지였다. 그들은 평생을 시 짓기와 술 마시기로 탕진하고 실제로 활용할 재능이라고는 전혀 없었을 정도로 무능력한 인물들이었다.

자신이 맡은 임무가 얼마나 중요한 것인지를 조금이라도 인지했다면, 김경징은 강도검찰사가 된 이후 매사에 신중하고 다른 사람들의 처지를 생각했어야 했다. 그러나 김경징은 전혀 그렇지 못했다.

병자호란의 상황을 기록한 사서《병자록》에 따르면, 김경징은 강화도에 들어갈 때 집에서 싣고 나온 짐 보따리가 50여 개나 되어 그것을 운반하기 위해 강화도의 인부와 말이 거의 다 동원될 정도였다고 한다. 전시에 이렇게 어마어마한 피난 행렬을 이끌고 가는 것은 분명히 위험한 일이다. 가뜩이나 사람과 물자의 행렬로 속도가 늦어질 텐데, 적의 기습을 받게 된다면 어떻게 되겠는가. 제대로 대처도 하지 못하는 사이에 속수무책으로 당하기 십상이다.

강화도로 가는 배를 탈 때도, 김경징은 그의 가족과 절친한 친구들만 먼저 배를 타게 하고 다른 사람들은 함께 건너지 못하게 막았다. 그 때문에 배를 타지 못한 피난민들의 행렬이 수십 리나 뻗어 있었으며, 심지어 세자의 아내인 빈궁 일행이 나루에 도착해도 배가 없어서 건너지 못한 채 이틀 밤낮을 추위에 떨며 굶주릴 지경이었다.

이런 참담한 광경을 보다 못한 세자빈이 가마 안에서 나와 "김경징아, 김경징아, 네가 어떻게 이런 짓을 하느냐!"하고 소리를 지르자, 장신이라는 이름을 가진 수행원이 이를 듣고 김경징에게 부탁하여 간신히 배로 건너도록 했다.

그때 양반집 아녀자들이 온 언덕과 들에 퍼져서 구해 달라고 울부짖다가 청군 기병대가 갑자기 들이닥치니 순식간에 말발굽에 차이고 밟히거나 혹은 끌려가거나 그러기를 두려워한 나머지 바닷물에 뛰어들어 죽는 등 차마 말로 표현할 수 없을 정도의 참혹한 광경이 벌어졌다. 만약 조금만 늦었다면 빈궁 일행마저 청군에게 죽임을 당하거나 끌려갔을 것이다.

술독에 빠진 검찰사 _

청군의 추격을 뿌리치고 간신히 강화도에 도착하고 나서도 김경징은 정신을 차리지 못하고 행패를 부렸다. 당시 강화도에는 봉림대군鳳林大君, 훗날의 효종 임금*과 빈궁 일행 등을 비롯하여 많은 고위급 인사들이 피난 와 있던 상태였다. 하지만 김경징은 강도검찰사라는 직위를 내세워 혼자서 섬 안의 모든 일을 지휘하여 장신이나 김상용 같은 대신들과 마찰을 빚었다.

최소한의 전략적 식견도 없었던 김경징은 청군이 결코 강화도를 건너지 못할 것이고, 따라서 강화도는 절대 함락되지 않은 요새라 여기고는 태평스럽게 날마다 술만 마셔 대며 주정을 일삼았다. 마침 인조가 머무는 남한산성이 청군에게 포위되었다는 소식을 들었지만 여전히 술독에 빠져 흥청망청 거리며 임금의 신변을 전혀 걱정하지 않았다.

보다 못한 봉림대군을 비롯한 다른 대신들이 간혹 명령이나 건의를 하려고 오면 "나라가 어떻게 될지 모르는 위태로운 이때에 대군이 어찌 감히 나와 말하려 하며, 피난 온 대신이 어찌 감히 나를 지휘하려고 하는가!" 하고 건방지게 굴었다. 아무리 제 아비가 임금을 왕위에 옹립하는 데 결정적인 공을 세운 반정공신이라고

---

* 병자호란으로 청나라에서 8년간 볼모로 붙잡혀 생활하던 중 설욕의 뜻을 품고 즉위 후 은밀히 북벌계획을 수립하였다. 즉위 이후 군제의 개편, 군사훈련의 강화 등에 힘을 쏟았으나 북벌 기회를 얻지 못한 채 청나라의 강요를 이기지 못하고 러시아 정벌에 출정하였다. 대동법大同法을 실시했고, 상평통보常平通寶를 유통시키는 등의 업적을 남겼다.

해도, 어떻게 신하가 왕자에게 저렇게 오만무례하게 굴 수 있는지 신기할 따름이었다.

김경징은 김포金浦와 통진通津에 보관되어 있던 곡식을 피난민을 구제한다는 명목으로 배로 실어 왔으나, 정작 자신의 가족과 친한 친구들 이외에는 한 사람에게도 나눠주지 않아 많은 사람들로부터 원성을 샀다.

그는 틈만 나면 고주망태가 되도록 술을 잔뜩 퍼마시고 "아버지는 체찰사이고 아들은 검찰사이니 국가의 큰일을 처리할 자가 우리 집안이 아니고 누구이겠느냐!" 하며 소리 치기를 일삼았다고 한다. 마치 자기 집안이 왕가王家라도 된 듯 착각에 빠진 것이다.

이때, 충청 감사가 적과 싸우다 죽었다는 소식이 들려오자 대신들이 임시방편으로 이민구를 대신으로 임명하고, 이어 전라와 충청, 경상 등 삼도의 흩어진 군졸들을 빨리 모아서 싸움을 독려하도록 명하였다. 그러나 이민구는 강화도는 안전한 곳이고 전라도는 반드시 죽을 곳이라 생각하여 가려고 하지 않고, 김경징도 허락하지 않았다.

조정의 명을 받고도 미적거리며 강화도에서 계속 틀어박혀 있는 김경징과 이민구의 추태를 본 김상용金尙容은 노기를 터뜨렸다. 그는 김경징을 불러서 다음과 같이 준엄한 어조로 꾸짖었다.

너의 아버지는 임금을 받들고 남한산성에서 포위되어 위기가

코앞에 닥쳐 있는데, 네가 설령 임금의 욕됨은 걱정하지 않을지라도 너의 늙은 아버지마저 생각하지 않느냐? 전라와 충청, 경상도의 군졸을 독려하는 것이 대단히 급한 일인데 네가 어찌 막는다는 말이냐? 이민구가 너의 유모 노릇한 지가 오래이다. 너의 나이지금 얼마인데 어찌 감히 이러느냐!*

이 말을 들은 김경징은 화가 난 채 밖으로 나와 군사 업무를 처리하는 도장을 내팽개치며 "내가 알게 뭐냐! 어떻게 되건 말건 나는 모른다" 하고 씩씩거렸다고 한다. 영락없이 꼴불견이다. 그야말로 소인배가 따로 없다.

그래도 생각이 있었는지 이민구가 부득이 배를 타고 전라도로 출발하려 하자 김경징은 "추위를 막으려면 술이 있어야 한다"라며 술을 데운다고 출발을 지연시키고, 또 큰 배를 구하여 그의 아내와 자식들을 태우고 가라고 하였다.

이 한심한 추태를 본 김상용은 "천하에 어찌 처자를 거느리고 다니는 사신이 있는가! 한낱 각 고을에 먹이를 구하는 것뿐이니, 비록 간다 할지라도 아무 이득이 없을 것이다"라고 탄식하였다. 여기서 김상용의 말처럼 아내와 자식을 거느리고 다니는 사신은 없다. 김경징이 친구인 이민구로 하여금 그의 가족을 큰 배에 태워 데리고 가게 했던 것은, 내심 만일의 상황을 대비하여 이민구의 가족을 강화도에서 내보내 안전한 곳으로 피신시키려 했던 의

도가 아니었을까.

김경징은 이민구보다 전쟁과 방비에 더 생각이 없었다. 그는 경비를 서는 병사들을 풀어 주어 집으로 돌려보내고 청나라 군사의 동태도 제대로 정탐하지 않으니, 그걸 본 사람들 중 한심하게 여기지 않는 이가 없었다. 김경징의 태만으로 인해 갑곶甲串 아래에서 연미정燕尾亭 이북까지의 사이에는 몽둥이를 가지고 경비를 서는 사람조차 하나 없었을 정도로 방어 태세가 엉망이었다.

이때 "청나라 군사가 삼강三江 입구에 모여 민가를 헐어 재목으로 작은 배를 만들고 있으니, 그 의도가 아마 바다를 건너 강화도를 치려는 것 같다"라는 보고가 들어왔다. 그러나 김경징은 크게 웃으면서 "강에 얼음이 아직 단단한데 어떻게 육지에 배가 다닐 수 있겠는가?"라고 무시할 뿐이었다.

자신의 목숨을 위해 가족을 버리다 _

정월 21일 밤 초경에 통진가수通津假守 김정이 "청나라 군사들이 혹은 낙타에 배를 싣고 혹은 동거에 배를 실어 갑곶 나루로 향하고 있으니 밤에 물을 건너려는 것입니다"라고 김경징에게 보고를 올렸지만, 김경징은 그 말을 듣고는 "네가 쓸데없는 말로 군정과 민심을 어지럽히는구나!"라고 하며 김정을 처형시키려 하였다. 임진왜란 시절, 일본군을 직접 보고 와서 그들의 출현을 알리던 병사를 "헛소리로 군사들의 사기를 떨어뜨린다"며 죽였던 무능한 장수 이일의 고사가 떠오른다.

김경징이 김정을 막 처형하려고 할 때, 갑곶을 파수하는 장수의 보고가 다시 들어왔다. 청군이 뗏목을 만들어 바다를 건너오고 있다는 것이었다.

하지만 아직도 김경징은 사태 파악을 제대로 하지 못했다. 그는 1월 22일, 해가 중천에 뜬 후에야 군사를 거느리고 성을 나섰는데, 군졸들은 200~300명도 되지 않고 모두 무기 없이 맨 주먹으로만 가고 있었다. 그 초라한 모습을 본 사람들이 이상하게 여겨 "본부에 군수 물자가 산더미처럼 쌓여 있는데 오늘 쓰지 않고 다시 어느 때를 기다리는가?" 하고 묻자, 김경징은 "이것들은 모두 우리 아버지가 마련해 놓은 것인데, 내가 어찌 감히 마음대로 쓰겠느냐" 하며 태연자약했다. 전쟁터에서 무기를 쓰지 않으면 언제 어디서 쓴다는 말인가?

방어 총사령관인 그의 이런 형편없는 태도로 인해 군사들은 진즉에 싸울 마음을 잃어버렸다. 봉림대군이 김경징과 함께 진을 친 곳에 나가 군사의 수가 심히 적은 것을 보고 도로 성중으로 들어와서 다시 군병을 수습하여 방어하려 했으나, 백성과 병사들이 모두 뿔뿔이 흩어져 달아나 버린 뒤였다. 간신히 군졸 몇 명을 모아 성벽을 지키려 하였지만, 사람이 너무나 부족했고 게다가 성벽들도 수리가 제대로 안 되어 곳곳이 허물어진 상태였다.

청군이 나루터에 주둔하여 홍이포紅夷砲*를 쏘니 포탄이 강을 넘어서 육지 몇 리 밖에 떨어졌다. 당시 청군이 사용했던 홍이포의 사정거리는 약 2.8km에 달했다. 강화도 공격과 같은 시점에 이루어졌던 남한산성의 공방전에서도 이 홍이포는 무서운 파괴력과 놀라운 사정거리로 인조와 대신들을 공포에 떨게 했다.

청군이 쏘아대는 홍이포의 맹렬한 포성을 들은 김경징과 이민구는 겁에 질려 정신을 잃고 창고 밑으로 도망쳐 숨었다. 그 모습을 본 군사들도 전부 놀라 동요하여 대오를 벗어나 뿔뿔이 흩어졌다. 한참을 숨어 있다 창고 밑에서 나온 김경징은 "나는 성으로 돌아가서 굳게 지킬 계책을 세우겠다"라는 믿을 수 없는 말을 한 채 성 안으로 달아나려 했다. 하지만 봉림대군이 그에게 성으로 가지 말라고 굳게 말리자 넋을 잃은 채 아무 말도 못하고 물러나서 창고 담장 아래에 앉았다.

---

* 명나라때 네덜란드의 대포를 모방하여 만든 중국식 대포로, 중국인들이 네덜란드인을 '붉은 머리의 사람'이라는 뜻의 홍모이紅毛夷라고 부른 데서 이름이 유래되었다. 네덜란드와 싸울 당시 중국인들은 이 대포의 파괴력에 크게 압도되어 1618년 홍이포를 수입하였고 1621년에는 복제품을 만들어 낼 수 있는 단계에 이르렀다.

김경징의 답답함을 보다 못한 봉림대군이 자기가 직접 나서서 군사를 이끌고 청군에 맞서려 했지만, 청군의 전선이 순식간에 건너와서 강화도에 상륙함에 따라 강화도는 결국 점령되고 말았다. 애초에 강화도의 방어를 김경징이 아니라 봉림대군에게 맡겼더라면 이렇게 어이없이 청군에게 강화도가 넘어가지 않았을 것이다.

청군이 강화도에 들이닥치자 김경징은 배를 빼앗아 달아났다. 그런데 여기서 그는 너무나 어처구니없는 추태를 저질렀다. 도망치면서 그의 어머니와 아내를 전혀 챙기지 않고 자신만 홀로 달아났던 것이다. 그 바람에 청군과 맞닥뜨리게 된 그의 어머니와 아내는 어찌할 바를 모르고 울부짖을 뿐이었다. 김경징의 아들인 김진표는 더욱 가관이었는데, 그는 자신의 할머니와 어머니를 협박하여 모두 자살하게 했다.

아무리 악인이라도 가족은 사랑하는 법이다. 전국을 공포에 떨게 했던 극악무도한 연쇄 살인범 유영철은 자기 아들의 전화가 걸려올 때마다 무척 당혹스러웠다고 고백했다. 헌데, 김경징은 어떻게 자신의 가족을 내팽개치고 자신만 도망쳤는지 정말 모를 일이다. 아마 어머니나 아내보다 자기 자신을 더욱 사랑했나 보다.

마침내 성이 함락되고, 강화도는 청군에게 점령되었다. 봉림대군을 비롯한 왕실 인사들과 수많은 조정 대신들 그리고 그 가솔들이 포로가 되었고, 이 밖에도 이루 말할 수 없을 정도로 많은 군사와 백성이 죽임을 당했다.

강화도가 청군에게 점령당했을 때, 죽어간 사람들의 이름은 사서에 무수하게 나온다. 특히, 여인들이 많은 피해를 입었다. 그 이름만 대충 열거하자면 무학 이춘남의 아내 정씨는 가위로 스스로 목을 찔러 죽었고, 이성구의 아내 권씨는 아들 상규의 아내 구씨 및 그 두 딸인 이일상과 한오상의 아내와 함께 목을 매어 죽었다. 도정 권순창의 아내 장씨와 권순정의 아내 장씨는 자매인데 같이 목을 매어 죽었다.

이 밖에도 참봉 황식의 아내 구씨와 이사성의 아내 이씨, 학생 하함의 아내 이씨, 무거 한충남의 아내, 학생 안선도의 아내 서씨, 사노私奴 김희천의 아내 대숙, 무학 반일량의 아내 차씨, 주부 안응성의 아내 이씨, 첨지 최덕남의 아내 박씨는 모두 스스로 목을 매어 죽었으며, 도사 김수의 아내와 학생 송순의 아내 유씨는 언덕에서 떨어져 죽었다.

김경징 한 사람의 태만과 무능으로 인해 헤아릴 수 없이 많은 아까운 목숨이 비참하게 죽어간 것이다. 이런 사실로 비추어 볼 때, 병자호란 최악의 악인은 단연 김경징이 아니었을까?

병자호란이 끝난 직후, 김경징은 대간으로부터 강화 수비의 실책에 대한 탄핵을 받았다. 국왕인 인조는 그래도 자신을 왕위에 올려준 반정공신인 김류의 하나뿐인 아들인 점을 감안하여 특별히 용서하려 했으나, 그가 강화도에서 보인 한심한 추태를 똑똑히 기억하고 있던 많은 사람들로부터 처벌하라는 요구가 빗발치는 바람에 결국 사약을 내릴 것을 명하였다. 이렇게 해서 1637년 9월 21일, 마침내 김경징은 사약을 받고 죽임을 당했다.

이와 같이 김경징은 한심함을 넘어 절망스러울 정도로 어리석은 인물이다. 조선은 이처럼 무능력한 인사들이 조정의 주요 요직을 맡았기에, 병자호란을 맞아 끝내 청군에게 무릎을 꿇었던 것이다.

죽은자와의 인터뷰

작가_ 선생에 관련된 자료들을 읽어 보니 정말 놀랍더군요. 무능력의 대표라고 할 수 있을 정도입니다. 임진왜란 당시의 원균도 선생과 비교하면 무색할 정도였습니다.

김경징 _____ 그래도 내가 한 일에 대해서 아는 사람이 별로 없으니 다행이지.

작가_ 아마 임진왜란에 비해 병자호란은 조명이 덜 되었고, 무엇보다 완벽하게 패배한 전쟁이니 사람들이 별로 관심을 두지 않아서인 것 같습니다. 그리고 선생의 후손들이 그에 관련된 일들을 철저히 숨긴 탓도 있을 거고요. 조상의 업적을 자랑하기는 좋아해도, 조상이 저지른 잘못을 공개적으로 내세울 사람은 없을 테니까요. 또 그에 관련된 일들을 잘못 파헤쳤다가 명예훼손 등으로 고발당하는 경우도 있고 하니……. 한국에서 수준 높은 풍자 코미디가 나오기 어려운 이유가 바로 그런 거 아니겠습니까? 자기와 관련된 일에 조금만 뒤틀려도 아우성을 치니까. 김영삼 정권 시절에는 대통령 이름과 비슷한 '영상'이라는 발음이 나오는 코미디 프로가 곧바로 폐지된 일도 있을 정도였습니다.

김경징 _____ 이봐, 지금 나하고 이야기하는 거 아니었나?

작가_ 생각이 엉뚱한 곳으로 날아갔군요. 다시 본론으로 돌아와서, 선생의 행동을 보면 정말 어처구니 없는 일이 많던데, 도대체 무슨 생각으로 그랬던 겁니까?

김경징 _____ 너무 몰아세우지 말게. 나도 할 만큼은 했으니까.

작가_ 무엇을 했다는 말입니까? 강화도에 틀어박혀 술이나 퍼마시고 기본적인 경계병도 세우지 않은 채 흥청망청하다 청군이 바다를 건너오자 혼비백산해서 자기만 살겠다고 배타고 도망친 일 말입니까?

김경징 _____ 이봐. 싸우려고 해도 병사들 수도 턱없이 모자라고 성벽도 죄다 허물어져 있었다네. 그런 상황에서 과연 청군을 상대로 얼마나 버틸수 있었겠나?

작가_ 당신이 병사들에게 화약만 제대로 나눠주었어도 강화도가 그렇게 허무하게 함락당하지는 않았을 거요.

김경징 _____ 화약이 있다고 다 이기는 건 아니오. 쌍령에서는 4만이 넘는 군사들이 조총을 가지고 있었어도 청군 기병 300명이 돌격해 오자 몽땅 궤멸되지 않았나.

작가_ 병자호란이 한창이던 1637년 1월 6일 광교산光敎山 전투에서는 전라병사 김준룡金俊龍이 지휘하던 조총과 창검으로 무장한 조선군 2000명이 청 태종의 사위인 양구리楊古利가 이끌던 6000명의 기병을 격파하고 양구리마저 전사시킨 일도 있었습니다. 선생이 강화도에 들어갔을 때, 해안 경계를 철저히 하고 화포와 화약을 제대로 분배했더라면 수군이 빈약했던 청군이 물살이 거센 해협을 쉽게 건널 수 있었을까요?

김경징 _____ 난들 청군이 그렇게까지 기를 쓰고 바다를 건널 줄 알았나, 어차피 해안을 지키는 데 필요했던 판옥선도 별로 없기도 했고.

작가_ 비단 전투 문제만은 아닙니다. 당신은 강도검찰사에 임명되자 왕족과 대신들에게까지 건방지게 굴었습니다. 심지어 왕자인 봉림대군한테까지도. 냉정하게 말해서 선생의 군사적 재능은 0점입니다. 해안 경비도 제대로 하지 않은 걸 보면 알 수 있습니다. 선생도 그런 사실은 솔직히 알고 있을 겁니다. 그렇다면 봉림대군과 상의해 일처리를 하든가, 아니면 봉림대군에게 군사 문제를 위임하는 게 더 좋았을 텐데 그런 일도 하지 않은 이유는 무엇입니까?

김경징 _____ 왕이 나에게 검찰사 직위를 주었는데, 내가 다른 사람과 상의를 할 이유가 어디 있는가? "난 바보라서 아무것도 못하니 제발 도와주세요"라고 순순히 시인하는 꼴밖에 더 되겠는가?

작가_ 말은 그럴싸해 보이지만 엉망진창 궤변입니다. 총사령관이라고 누구와도 상의하지 않고 혼자서 모든 일을 결정하지는 않습니다. 충무공 이순신 같은 불세출의 명장도 부하 장수들과 상의를 하면서 수군을 운영했습니다. 당신은 자신을 충무공보다 훨씬 유능한 인물이라고 생각했던 겁니까? 사실은 당신도 스스로의 능력이 어떤지 잘 알고 있었을 거 아닙니까? 그런데도 다른 사람들을 무시하고 군사권을 독점하고 있었던 건, 무슨 속셈에서였습니까? 원균이 그랬던 것처럼 권력을 이용한 자기 잇속 불리기에 집착했던 건 아닙니까? 다른 지역에서 쌀을 날라 오면서도 자기와 친한 사람 말고는 아무에게도 나눠주지 않았다면서요?

김경징 _____ 떡 만지면서 어떻게 떡고물이 묻지 않기를 바라나? 나랏일을 하면서 그 정도 대가도 받을 수 없나?

작가_ 그런 생각 자체가 부패한 탐관오리의 발상입니다. 그리고 다른 문제는 제쳐두고라도 당신은 청군이 강화도에 들어오자 자기 어머니와 아내를 내버려 두고서 혼자서만 달아났고, 거기에 당신의 아들은 그녀들을 핍박해서 자살하게 만들었다지요?

김경징 _____ 우리 시대에야 여자들은 그렇게 죽으라고 배웠고, 나도 그대로 한 것뿐이야. 삼강행실도도 안 보았나?

작가_ 그럼 선생은 왜 살아남았습니까? 그들은 죽게 내버려둔 채 왜 혼자만 도망쳤느냐 이 말입니다.

김경징 _____ 죽고 싶지는 않았으니까!

작가_ 어머니와 아내는 얼마든지 죽어도 되고 나만은 꼭 살고 싶다? 그게 말이나 되는 소리입니까?

김경징 _____ ······.

작가_ 내가 살펴본 선생은 도덕성 제로에 실무 능력 제로, 거기에 추악한 이기심으로 버무려진 형편없는 악인입니다. 반정공신이라는 잘난 아비가 없었다면 거지로나 살았을 무능력한 인간! 그런 선생이 국가를 움직이는 권력의 핵심 인사가 되었다는 것 자체가 나라와 백성들에게 너무나 비극적인 일입니다.

12

반정 공신에서
외국과 결탁한 역적이 되다
— 김자점金自點 —

김자점金自點(1588~1651)
조선 중기의 문신으로, 인조반정의 주역으로 등장한 뒤 영의정이 되어 사은사로
청나라에 다녀왔으며, 소현세자빈 강씨를 무고하여 죽게 하고,
강씨의 세 아들을 제주도로 귀양 보냈다. 더불어 청나라 사신이나 역관 등과 결탁하여
청나라를 등에 업고 권력의 기반으로 삼게 된다. 효종이 즉위한 뒤 북벌론이 대두되자 위협을 느낀
나머지 청나라에 그 사실을 누설하였다. 이후 유배되었다가 역모사건이 발생하자 처형되었다.

한때는 전도유망한 인재가 세월이 흐르면서 탐욕스럽고 부패한 권력자로 변하는 모습은 예나 지금이나 쉽게 찾아볼 수 있다. 유능한 관리에서 반정공신의 반열까지 올랐다가 시간이 흐르면서 점차 사람됨이 변해 마침내 '공공의 적'으로 인식되어 처형당한 김자점을 보면 마치 그런 경우를 꼭 현실에 그려 놓은 듯하다.

1588년, 경북 안동安東에서 태어난 김자점은 광해군光海君 무렵에 벼슬길에 올라 관료로서의 인생을 시작했다. 당시 조정은 광해군을 지지하는 북인 세력과 선조의 후처인 인목대비仁穆大妃와 영창대군永昌大君을 추종하는 서인 세력 간의 암투에 휘말린 상황이었다. 이러한 와중에서 김자점은 은연중에 서인 쪽으로 기울었다. 유교적인 명분을 목숨보다 중히 여기던 조선의 현실상, 인목대비와 영창대군이 양반 사대부들로부터 더 많은 지지를 받고 있었기 때문이었다.

반정의 일등공신 _

조정 내의 권력 다툼에 불리해지던 광해군은 아무래도 불안했는지, 다소 무리한 자충수를 두었는데 영창대군을 역모에 연류시켜 쫓아내 죽게 하고, 곧이어 인목대비마저 역모 혐의를 씌워 궁에서 쫓아내려 했다. 이러한 광해군의 '폐모론'은 서인들에게 좋은 공격표적이 되었고, 광해군의 입지는 더욱 좁아졌다.

이 무렵 김자점은 병조좌랑의 직위에 있으면서 인목대비를 폐서인시키자는 '폐모론'에 반대하다가 북인들의 미움을 사서 벼슬을 박탈당하고 쫓겨난 상태였다. 벼슬길이 막힌 김자점은 광해군의 치하에서는 더 이상 자신의 앞길이 보이지 않는다고 판단했고, 자신과 같은 입장에 처한 서인 세력과 연합하여 광해군을 몰아내고 새 왕을 옹립하는 인조반정仁祖反正*에 가담하기에 이른다.

1623년, 능양군綾陽君을 중심으로 뭉친 김류와 이귀 등은 군사를 이끌고 왕궁을 기습하여 무방비 상태에 놓여 있던 대궐을 순식간에 제압했다. 갑작스러운 반란에 놀란 광해군은 왕궁의 담을 넘어 달아나다가 군사들에게 붙잡혔고, 그동안 서궁에 유폐되어 있던 인목대비는 반란이 일어나 광해군이 폐위되었다는 소식을 듣고는 눈물을 흘리며 기뻐했다. 기록에 따르면 그녀는 "오늘 같은 날을 보려고 여태껏 목숨이 붙어 있었던 것이로구나! 광해군의 살점을 씹어 먹고 싶다!"라는 말을 남겼다고 했을 정도이니, 그동안 그녀가 얼마나 스트레스를 받으며 살았는지 짐작케 한다.

반란을 성공적으로 끝낸 서인들은 인목대비로부터 옥새를 받

---

* 1623년(광해군 15년) 음력 3월 12일, 서인 일부가 광해군 및 집권당인 대북파를 몰아내고 능양군(인조)을 왕으로 세운 무력 정변이다.

아 황급히 능양군을 보위에 올리니 그가 바로 조선의 16번째 임금인 인조이다. 그러나 인조는 자신처럼 반정을 통해 즉위한 태종이나 세조와는 달리, 통치자로서의 자질이 매우 부족했고, 때마침 대륙에서 불어 닥친 후금의 침입으로 말미암아 크나큰 비극을 맞게 된다.

인조반정에 가담한 대부분의 사람처럼 김자점 역시 두둑한 포상을 받고 출세를 했다. 그는 반정 때 큰 활약을 한 공로로 1등 공신인 정사공신靖社功臣이 되었으며, 인조반정의 핵심 인물인 김류 등과 손을 잡고 권세를 더욱 굳건히 다져 나갔다.

이괄의 난과 정묘호란의 와중에서도 김자점은 흔들리지 않고 계속 조정의 중추적인 인물로 자리를 굳혀 나갔다. 특히 정묘호란 때는 강화도로 피난을 떠난 인조를 따라나선 공로를 인정받아 한성부판윤에 임명되었고, 1633년에는 육군 총사령관에 해당하는 도원수가 되었다.

이 무렵까지만 해도 김자점의 미래는 한없이 밝아 보였다. 하지만 곧이어 닥친 병자호란은 그의 인생을 송두리째 암흑의 나락으로 떨어뜨리고 만다.

1637년, 청나라 태종이 이끄는 10만 대군이 번개 같은 속도로 압록강을 건너 조선을 침공했다. 당시 김자점은 도원수의 직책에 있었는데, 적의 도하를 알리는 봉화가 올랐다는 보고를 받고도

"청나라에서 돌아오는 우리 사신들을 환영하는 봉화겠지. 무슨 적들이 이렇게 빨리 오겠느냐?"라며 조정에 알리지도 않은 무신경한 태도를 보였다. 청군의 출현을 알리는 전령이 도착하자 "네 놈이 거짓말로 헛소문을 퍼뜨리는구나!" 하며 오히려 죽이려고까지 하였다.

영광시대의 끝 _

일선에서 적을 맞아 제일 먼저 방어해야 할 도원수가 이렇게 허술한 자세를 보이니 청군은 아무런 방해도 받지 않고 그대로 남하하여 순식간에 평양을 거쳐 황주에까지 이르게 되었다. 중간에 김자점이 군사를 출동시켜 봉산에서 전투를 벌였지만, 청군의 맹렬한 돌격에 제대로 싸워 보지도 못한 채 정신없이 후퇴했다.

일패도지한 김자점은 그제야 청군의 침입 소식을 조정에 알렸는데, 청군이 압록강을 넘은 지 무려 6일이나 지나서였다. 이렇게 늑장 보고를 한 결과, 인조를 비롯한 조정 수뇌부들은 크게 놀라 공황 상태에 빠졌다.

아직 남아 있는 병력을 모아 황주를 통과한 청군의 뒤를 밟던 김자점은, 후방에서 다른 청군 부대에게 기습을 당해 다시 패배했다. 당시 김자점은 청군의 동태를 파악하기 위한 첩자마저 보내지 않아 청군의 출현을 전혀 알지 못했다. 청군이 나타나자 조선군 병사들은 겁에 질려 모두 도망가 버렸고, 김자점 역시 허겁지겁 그들의 뒤를 따르는 수밖에 없었다.

김자점이 이끄는 조선군을 패배시킨 청군은 계속 남하해 개성에 이르렀고, 인조는 결국 정묘호란 때처럼 한양을 버리고 피난길에 올랐다. 봉림대군과 세자빈 및 대신들의 가족은 강화도로 보내고 자신과 세자 및 다른 대신들은 남한산성으로 들어가 농성을 하기로 한 것이다.

하지만 이미 기선을 제압당한 조선은 청군의 노도와 같은 신속한 공세에 맞서 별다른 성과를 보여주지 못했다. 강화도로 피난한 왕실과 대신들의 가족은 방비를 맡은 김경징의 무능력한 태도로 인해 모두 청군의 포로가 되었고, 남한산성에 들어갔던 인조와 대신들은 추위에 시달리다 식량이 바닥나자 결국 삼전도에서 청 태종에게 항복하고 말았다.

병자호란의 치욕적인 패배로 인해 조정에서는 김자점에 대한 탄핵 여론이 빗발치듯 일었으나, 김자점은 아무런 흔들림 없이 계속 부와 권세를 유지했다. 개전 초기부터 철저한 무능력의 극치를 보였던 그가 어떻게 그럴 수 있었을까? 답은 간단했다. 국왕인 인조로부터 두터운 신임을 얻고 있었기 때문이었다. 비록 부와 권세

를 탐하는 간신이라고 해도, 인조에게 바치는 충성심은 매우 지대
했다. 인조에게는 백성들의 명성을 얻는 청백리보다야 부패한 신
하라고 해도 자신에게 충성하는 탐관오리가 더 기특해 보였던 것
이다. 임진왜란 당시, 사헌부와 수군 장수들로부터 격렬한 지탄의
대상이 되었던 원균을 선조가 끝까지 감싸고돌며 이순신을 견제
했던 심리와 비슷하다.

　김자점은 인조의 뜻을 충실히 받들며 그가 저지른 더러운 일들
에 앞장섰다. 청나라에 인질로 잡혀갔지만, 청의 지배층들과 두터
운 신뢰 관계를 맺은 소현세자를 인조는 불안한 눈으로 보기 시
작했으니 혹시 소현세자*가 청과 결탁하여 자신을 몰아내려 하지
않을까 하는 의구심 탓이었다. 이러한 인조의 의중을 파악한 김
자점은 소현세자와 그 아내인 세자빈 강씨, 그리고 그 사이에서
난 세손 두 명을 죽이는 일에 적극 가담하였다.

　또한 장수 임경업林慶業이 청에 포로로 끌려갔다가 돌아오자 그
에게 역모의 혐의를 씌워 고문하다 끝내 죽이고 말았다. 당시 명망

---

* 인조의 맏아들로 1625년(인조 3년)에 세자로 책봉되었다. 1636년 병자호란이 일어나 삼전도
의 굴욕 이후 자진하여 봉림대군 및 주전파 재신들과 함께 청나라에 인질로 갔다. 그는 9년
간 청나라에 머무르는 동안 현실적으로 청의 존재를 인정하면서, 양국간에 발생한 문제를
해결하는 조정자로서 상당한 재량권을 행사했다. 또한 청나라에서 여러 가지 서양 문물을
받아들이고 서양 지식을 배웠다. 1645년에 한양으로 돌아왔으나 귀국한 지 2개월 만에 의
문의 죽음을 맞이하였다.

높던 장수인 임경업이 죽었다는 소식이 퍼지자, 온 나라의 백성들이 크게 비통해하며 너나 할 것 없이 김자점을 욕했다고 한다.

인조의 신임을 바탕으로 김자점은 전쟁이 끝난 지 9년 후인 1646년, 마침내 조정의 최고 영수인 영의정에까지 오르는 기염을 토하게 된다. 거기에 자신의 손자인 김세룡과 인조의 딸인 효명옹주를 결혼시켰으니, 이제 국왕과 사돈까지 맺은 셈이다.

이 무렵 김자점은 드디어 타락한 권력자들이 흔히 보이는 증상을 겪으며 세간으로부터 엄청난 욕을 먹고 있었다. 그의 집에는 전국 각지에서 바치는 뇌물 행렬이 끊이지 않았고, 자택의 규모가 마치 대궐에 비길 정도로 웅장했으며, 조정의 모든 인사가 그의 손에 좌우될 정도였다. 수많은 대신과 선비들이 김자점의 행태를 비판하는 상소를 올렸으나, 그를 철저히 옹호하던 인조로 인해 아무런 효과도 보지 못했다.

하지만 그런 김자점의 영화도 곧 끝나고 말았다. 영의정이 된 지 불과 3년 후인 1649년, 그의 뒤를 봐주던 인조가 갑작스레 죽고 둘째 아들인 효종이 즉위하자 그동안 김자점의 타락한 모습을 열렬히 비판하던 송시열宋時烈 등의 산당조선시대, 서인의 한 분파 인사들이 조정에 진출하게 되면서 김자점은 곤경에 처하게 된다. 그가 저질렀던 부정한 행실들이 문제가 되어 김자점은 영의정에서 파직당하고 홍천으로 귀양을 가게 되었다.

마지막 반정을 꿈꾸다 _

졸지에 중앙 권력에서 밀려나고 죄인으로 지탄받게 되자 김자점은 분노했지만 뚜렷한 방법이 없었다. 병자호란의 패배를 치욕으로 간직한 조선의 사대부와 선비들은 그 패배를 초래한 김자점에게 치를 떨고 있었고, 반드시 처벌해야 한다고 목소리를 높여 오던 터였다. 아무리 둘러보아도 국내에 자신을 도울 세력은 없어 보였다.

하지만 국외라면 어떨까? 김자점의 머리는 빠르게 돌아가기 시작했다. 병자호란 이후, 김자점은 명을 대신해 청을 종주국으로 인정하는 친청파의 거두로 활동해 오던 상황이었다. 따라서 그동안 자신들에게 이롭게 굴었던 김자점이 만약 청에게 도움을 요청한다면 그들이 도와줄지도 몰랐다. 인조가 삼전도에서 항복한 이래 청은 조선을 움직이는 최고 실세가 되지 않았던가? 국왕마저 굴복시켰으니 청과 손을 잡는다면 나머지 피라미들이야 문제가 안 된다!

이런 계산을 내린 김자점은 조선인 출신으로 청에서 활동하며 위세가 등등했던 역관 정명수鄭命壽에게 자신의 처지를 알리고 도와줄 것을 요청하였다. 그리고 덤으로 새로 왕이 된 효종이 은밀히 청을 공격하려는 북벌 계획을 세우고 있다는 사실까지 밀고했다.

이 소식을 들은 청의 수뇌부는 조선에 사신을 보내 항의하고 정말로 북벌 계획을 세우고 있느냐고 날카롭게 힐난했다. 하마터면 조선과 청 사이에 다시 전쟁이 터질 급박한 위기였지만 영의정 이경석李景奭이 모든 책임을 지겠다고 나서서 희생한 덕분에 상황은 일단락되었다.

위기를 수습한 조선 조정은 이 모든 사태의 원인을 초래한 김자점을 광양으로 귀양 보냈다. 무수한 잘못을 저질렀음에도 효종이 그를 선뜻 죽이지 못했던 것은 아버지 인조로부터 두터운 신임을 받은 원로대신이었기 때문이었다.

하지만 광양으로 쫓겨나고도 김자점은 옛날의 권세에 대한 미련을 버리지 못했다. 부와 권력에 대한 그의 집착은 참으로 놀라운 것이었다.

1651년, 김자점은 인조로부터 총애를 받아 기세가 등등했다가 인조가 죽자 뒷방 늙은이로 전락해 옛 영광을 다시 되찾으려 앙앙불락怏怏不樂이던 조귀인趙貴人과 손을 잡았다. 과부 사정은 홀아비가 안다고 했던가. 자신과 비슷한 처지에 놓인 조귀인은 김자점과 의기투합을 했고, 내친 김에 김자점은 그녀의 오빠인 조인필趙仁弼과도 손을 잡고 함께 음모를 꾸몄다. 또한 광주 부윤 기진흥, 수원 부사 변사기 등과 손을 잡고 예전 인조반정 때처럼 왕궁을 급습하여 새로운 정권을 세우는 반역에 착수하였다.

하지만 이러한 음모는 뜻하지 않은 정황으로 말미암아 발각되고 만다. 조귀인이 왕실의 어른인 자의대비慈懿大妃와 사이가 벌어져 그녀를 저주하는 짓을 벌이다 발각된 것이다. 동서양을 막론하고 왕실에서 저주를 하는 행위는 중죄로 간주되어 엄중히 처벌받는 것이 원칙이었는데, 조선도 예외가 아니었다.

조귀인이 벌인 저주 사건의 여부를 두고 의금부에서 조사를 하던 도중, 그녀를 섬기던 시녀들의 입에서 놀라운 사실이 나왔는데, 바로 김자점이 조귀인, 조인필 등과 손잡고 꾸미려던 역모 사건의 전말이었다. 광양에 유배되어 있던 김자점은 급히 왕궁으로 끌려와 국문을 받았고, 자신이 기획했던 모든 사건의 전말을 순순히 자백했다. 이제 더 버텨 봤자 희망이 보이지 않으니 순순히 포기한 것일까?

제 아들 김식이 '수원부사 변사기와 광주 부윤 기진흥 등과 일을 함께해야 한다'라고 하자, 이에 저는 '숭선군의 일 때문에 여러 사람들이 의심하고 있으니, 빨리 거사해야 한다'고 했습니다. 그러나 그 후에 저와 아들이 각각 밖으로 흩어졌으므로 미처 거사하지 못했습니다.

결국, 그해 1651년 12월 17일 김자점은 아들 김익과 함께 거리 한복판에서 사지가 찢기고 목이 잘리는 정형正刑에 처해졌다. 한 번의 반란을 성공적으로 끝내고 부와 권세를 실컷 누리다 늙어서 권좌에서 축출되자 다시 반란을 꿈꾸던 이 대담무쌍한 악인은 그렇게 해서 형장의 이슬로 사라졌다.

죽은자와의 인터뷰

작가_ 선생이 어떤 인간인지 잘 몰랐는데, 역사를 보니 전형적인 탐관오리에 간신이더군요. 유배지에서마저 역모를 꿈꾸다니, 권력에 대한 미련이 많았던 모양입니다.

김자점 _____ 그 자리에 올라가 보지 않으면 모른다네. 그리고 혹시 모르지. 일만 잘 되었으면 성공할 수 있었을지도.

작가_ 애초에 선생은 광해군의 친청 노선에 불만을 가진 서인들과 한패가 되어 인조반정을 일으키지 않았습니까? 그런데 병자호란 이후 당신은 청과 손을 잡는 친청 세력의 거두가 되었더군요? 이거 모순 아닌가요?

김자점 _____ 허허허, 젊어서야 세상을 모르고 그랬지만 나이가 들고 보니 세상 돌아가는 모습을 알았기에 그랬던 것이지. 자네 세상에도 청년 시절에 열혈 운동권 출신으로 지내다가 정치권에 들어가고 나서 보수 우파로 전향한 인사가 얼마나 많은가?

작가_ 하지만 선생이 무슨 심오하고 고상한 철학이 있어서 청과 손을 잡았던 건 아니지 않았습니까? 결국은 새롭게 강대국으로 등장한 청과 결탁해서 부와 권력을 보장받으려는 속셈에 지나지 않았던 겁니다. 그렇지 않습니까?

김자점 _____ 맞긴 하네만, 그렇다고 내가 간 길이 잘못된 길은 아니라고 생각하네. 어차피 그 무렵 명나라는 이미 망조가 보이던 상태였고, 오히려 망해 가던 명을 맹목적으로 추종하던 대신들이 더 잘못된 것 아닌가?

작가_ 당신이 청과 손을 잡은 건, 소현세자처럼 청의 발달된 문물을 도입해 나라를 발전시키려던 의도가 아니었습니다. 어디까지나 자신의 부귀영화를 보장받기 위한 방편에 지나지 않았습니다. 일본에 나라를 팔아넘기고 그 대가로 호의호식하던 친일파 매국노들과 다를 게 뭐가 있습니까?

김자점 _____ 이런, 매국노라는 표현은 좀 심하지 않은가?

작가_ 전혀! 선생이 처음 유배되고 나서 한 일이 뭐였습니까? 역관 정명수에게 조선의 북벌 계획을 고자질했습니다. 그것 때문에 하마터면 조선과 청 사이에 다시 전쟁이 벌어져 수많은 백성의 생명이 위태로울 뻔했습니다. 그것만 보더라도 선생이 지은 죄는 충분히 무겁습니다.

김자점 _____ 자네 좀 냉혹하군 그래. 그럼 지금까지 누려 오던 부귀영화를 하루아침에 잃었는데, 내가 늙어 죽을 때까지 유배지에서 썩었어야 한단 말인가?

작가_ 선생이야말로 냉혹합니다. 개인의 부와 권세를 위해서 나라와 백성들의 운명따윈 어떻게 되어도 상관없다는 겁니까? 근래 텔레비전 드라마 〈돌아온 일지매〉에서 선생에 관한 이야기가 많이 나왔더군요. 거기서 보면 당신이 청과 손잡고 반란을 일으켜 왕위까지 넘본다는 설정이 나오던데, 솔직히 저는 그게 사실일 거라고 믿습니다. 선생의 행동이 딱 그랬습니다.

김자점 _____ 어차피 조선도 역모로 세워진 나라가 아닌가? 태조나 태종, 세조, 중종 임금도 반란으로 왕위에 앉은 몸인데, 나라고 그러지 말란 법이 있나?

작가_ 선생 같은 사람이 왕이 되면 그 나라 백성들은 무척 끔찍할 겁니다. 당신이 태조 이성계처럼 새로운 세상에 대한 비전이나 포부가 일말이라도 있었습니까? 아니잖습니까! 오직 자기 혼자서 잘 먹고 잘 살 궁리만 하지 않았습니까?

김자점 _____ 더 이상 할 말이 없군. 난 이만 가겠네.

13

시대를 역행한
조선의 '여왕'

－ 정순왕후貞純王后 －

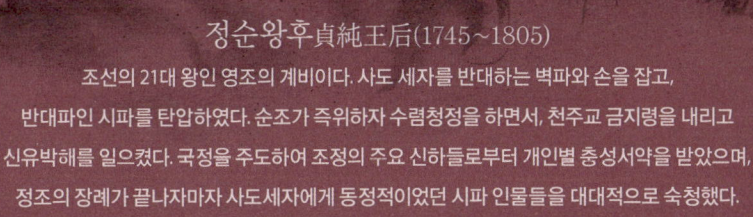

정순왕후貞純王后(1745~1805)

조선의 21대 왕인 영조의 계비이다. 사도 세자를 반대하는 벽파와 손을 잡고,
반대파인 시파를 탄압하였다. 순조가 즉위하자 수렴청정을 하면서, 천주교 금지령을 내리고
신유박해를 일으켰다. 국정을 주도하여 조정의 주요 신하들로부터 개인별 충성서약을 받았으며,
정조의 장례가 끝나자마자 사도세자에게 동정적이었던 시파 인물들을 대대적으로 숙청했다.
민생문제의 해결을 위해 비변사·관찰사, 수령 등 통치 질서의 확립을 강조했다.

최근 몇 년 사이, 조선의 마지막 개혁 군주로 정조正祖가 크게 부각되고 있다. 텔레비전 드라마와 소설 같은 대중 매체에서 정조의 치세 기간은 조선의 근대화를 이룩한 '르네상스'로 인식되고 있다. 하지만 불행히도 정조가 이루었던 정치와 사회의 개혁은 그가 죽자 보수 세력인 노론 벽파들이 집권하면서 모두 철회되었고, 조선은 세도 정치의 폐단으로 병들어 가며 몰락의 길을 걷게 된다.

이러한 역사적인 퇴보의 중심에 서 있던 인물이 바로 정순왕후貞純王后였다. 조선 역사상 가장 어린 나이에 왕비가 되어 늙은 왕과 결혼했지만, 남편이 곧 죽는 바람에 후궁에 갇혀 외롭게 지내다 중년이 되어 자유를 만끽하고는 무소불위의 권력을 휘두르며 사실상의 여왕이 된 인물이었다.

66세 늙은 왕의 15세 어린 신부 _

정순왕후의 파란만장한 인생은 그녀가 15세의 어린 나이에 66세의 노인이었던 영조英祖의 비로 간택되어 왕궁인 창경궁에 들어오게 된 1759년 6월 22일부터 시작된다. 부부의 나이 차이가 무려 51세나 되고, 심지어 영조의 아들인 사도세자보다도 열 살이나 어린 상황이었다. 사도세자는 졸지에 자신보다 열 살이나 어린 양어머니를 모시게 되었으니 무척 곤혹스러운 입장이 되고 말았다.

봉건사회에서 흔한 일이지만, 애초부터 사랑이 아닌 정략적인 차원에서 결혼한 것이니 영조와 정순왕후 사이에 무슨 애정이 싹틀 리가 없었다. 그리고 정순왕후 역시 그 사실을 잘 알고 있었다.

어린 나이에 궁에 들어오게 되었지만, 정순왕후는 자신이 왕비라는 입장을 최대한 활용하여 권력의 단맛에 흠뻑 빠져들게 되었다. 그녀는 자신의 친정인 경주 김씨 가문과 그 배경인 노론과 친밀한 관계를 유지했다.

반면 영조의 아들이자 후계자인 사도세자와는 매우 불편한 관계에 놓이게 되었다. 사도세자를 둘러싼 조정의 정치적 싸움에서 그녀는 노론의 강경파인 벽파僻派와 결탁하여 사도세자를 정신병자이자 성격 파탄자로 매도하여 영조에게 거짓 참소讒訴를 자주하였다. 심지어 사도세자가 반란을 일으켜 영조를 몰아내려 한다는 모함까지 하여, 결국 영조는 아들인 사도세자를 죽이고 마는 끔찍한 패륜까지 저지르고 만다.

이때, 열 살의 어린 나이로 사도세자의 죽음을 눈앞에서 보게 된 정조는 아버지를 죽게 만든 벽파와 어머니의 친정인 풍산 홍씨 문중에 대한 깊은 분노와 복수심을 품게 된다.

그런 정조가 즉위하면 자신들의 목숨이 위험해지리란 사실은 불을 보듯 뻔한 일. 풍산 홍씨 문중과 벽파 세력들은 어떻게 해서든 정조가 왕이 되지 못하도록 몇 번이나 자객을 보내 암살하려 했으나, 홍국영을 비롯한 충성심 있는 신하들의 철저한 경호로 번번이 실패하였다.

이윽고 1776년, 벽파 세력의 거센 반대 공작에도 불구하고 정조가 드디어 왕위에 올랐다. 즉위한 정조는 "과인은 사도세자의 아들이다!"라는 충격적인 발언으로 부친의 억울한 죽음을 잊지 않고 있었음을 만천하에 공개했다. 그리고 벽파들이 예상하던 대로 정치 보복에 나섰다.

우선 목표가 된 이들은 사도세자의 친누이이면서 그를 모함하여 죽게 만든 화완옹주和緩翁主와 그 양아들 정후겸鄭厚謙이었다. 화완옹주는 궁에서 내쫓겼으며, 정후겸은 유배 후 사약을 받았다. 또한 정조의 어머니인 혜경궁 홍씨의 오라비인 홍인한도 고금도로 유배되어 사약을 받았다. 홍인한은 정조의 외가 친척이었지만 벽파의 선봉 인물로 사도세자를 모함하여 죽게 만드는 데 큰 역할을 했기 때문이었다.

정조가 휘두르는 칼날 앞에서 정순왕후도 결코 무사하지 못했다. 그녀의 오빠인 김귀주도 흑산도로 유배되었다 병으로 죽고 말았고, 이를 본 정순왕후는 정조의 처사에 극도로 분노했지만 정조의 위세를 두려워하여 창덕궁昌德宮에 틀어박혀 살았다.

눈여겨볼 점은 정조가 정순왕후와 혜경궁 홍씨의 추종 세력들을 제압하는 과정에서도 정작 그녀 본인들을 처벌하는 일은 하지 않았다는 것이다. 일단 정순왕후는 할아버지의 정비이고, 혜경궁 홍씨는 자신의 어머니이다. 명분을 목숨처럼 여기는 조선 사회의 특성상 그럴 수도 없거니와 만약 그랬다가는 연산군이나 광해군처럼 영락없이 폭군이라는 오명을 쓰게 될 우려도 있었다. 계모인 인목대비를 쫓아내려 했다가 광해군은 인조반정의 역풍을 맞고 몰락했는데, 하물며 친어머니인 혜경궁 홍씨에게 손을 댔다가는 어떻게 되겠는가?

오히려 틈만 나면 그녀들을 잔치에 초대하여 돈독한 친분이 있는 것처럼 대외에 홍보했다. 그러나 그런 와중에도 두 사람과 정조, 특히 정순왕후와의 사이에는 팽팽한 긴장감이 감돌았다. 정순왕후가 지지하는 벽파와 정조는 '결코 한 하늘을 이고 살 수 없는' 원수였기 때문이다.

정조의 사망과 여주의 등장 _

1800년, 개혁 정치에 한창 골몰하던 정조는 돌연 사망했다. 그동안 강력한 왕권에 억눌려 있던 벽파와 정순왕후는 내심 환호작약歡呼雀躍하며 박수를 쳤다. 정조의 후계자라고 해야 이제 11세밖에 안 된 어린 아들 순조純祖뿐이었다. 그러니 정순왕후는 왕실의 제일 큰 어른이 되어 자연스레 순조를 내세워 정치적인 실권을 장악할 명분이 생긴 것이었다.

대왕대비가 된 정순왕후는 정조가 야심차게 추진했던 개혁 정책들을 모두 폐지하거나 뒤엎어 버렸다. 우선 정조가 만든 친위 군사 조직인 장용영壯勇營을 재정난을 이유로 전격 해체했다. 하지만 그 속내는 정조의 친위대나 다름없던 장용영을 그대로 놓아 둘 경우, 자신들에 대항하는 군사 정변이 일어날 것을 우려하는 것이었다. 지극히 정치적인 발상에서 비롯된 이 일로 인해 조선의 군대는 전력이 크게 약화되고 말았다. 19세기 들어 조선군이 민란이나 외침에 제대로 대응하지 못하고 속수무책으로 당하기만 했던 것은 군사 정책을 제대로 볼 줄 몰랐던 정순왕후의 짧은 소견으로 인한 것이었다.

또한 고위 관직에 등용되지 못한 채 차별을 받고 살던 서자(서얼)들을 대거 등용한 정조의 정책을 뒤집어 다시 예전처럼 서자들의 관직 진출을 원천 봉쇄해 버렸다. 이로써 서자들에 대한 차별 정책이 완전히 철폐되기까지는 1894년 갑오개혁* 때까지 기다려야 했다.

---

* 조선 고종 31년(1894) 7월부터 고종 33년(1896) 2월 사이에 추진되었던 개혁 운동으로, 개화당이 정권을 잡아 3차에 이르는 개혁을 통해 재래의 문물제도를 근대식으로 고치는 등 정치·경제·사회 전반에 걸쳐 혁신을 단행하였다.

거기에 더해 정조 시절에 평안도와 함경도 출신 인사들을 고위 관직에 등용했던 방침을 철폐하여 많은 불만을 샀다. 순조가 즉위한 지 11년 만에 평안도에서 홍경래의 난이 일어났던 원인 중 하나가 바로 조정의 이러한 지역 차별 정책에 대한 분노에서 비롯된 것이었다.

아울러 정조를 도와 수원성을 쌓는 등 뛰어난 업적을 세운 정약용 등을 비롯한 유능한 인재들을 모두 조정에서 쫓아내 귀양을 보내는 바람에 순조를 도울 인재들이 사실상 소멸되고 말았다.

이에 반비례하여 정순왕후는 순조의 장인이 된 김조순金組淳 등을 비롯한 안동 김씨 일문을 대대적으로 등용하였다. 이를 계기로 안동 김씨들은 자그마치 60년 동안 국왕을 능가하는 조선의 실권자로 행세하며 자기들끼리만 권력을 나눠 가지며 온갖 부정부패와 비리를 일삼으며 나라를 쇠망에 이르게 한 원인을 제공하고 만다. 그 시초를 연 것은 정순왕후였다. 그러나 정순왕후가 저지른 최악의 실책은 바로 천주교도 탄압이었다.

청나라에 파견된 사신들을 통해 조금씩 조선에 알려진 천주교는 영조와 정조 시대에 들어서면서 그 수가 크게 늘어나 이미 사회적으로 문제가 되기도 했다. 특히 권좌에서 밀려난 노론의 시파와 남인들 중 상당수가 천주교를 신봉했다. 정약용을 비롯하여 그의 형인 정약전도 열렬한 천주교 신자였다.

이 같은 천주교 세력의 확대는 정조 무렵부터 사회적으로 큰 파장을 불러 왔다. 특히, 유교적 질서를 거부하고 제사를 우상 숭배로 보고 지내지 않으려는 천주교 신자들의 태도는 보수적인 조선의 지배층들에게 큰 거부감을 일으켰다.

정조의 치세 기간에 천주교도들을 탄압하자는 논의가 일기도 했지만, 정조는 "유교의 이치를 밝게 세우면 천주교(사학)는 저절로 사라질 것이다"라며 온건한 입장을 고수했다.

그러던 것이 정조가 죽고 정순왕후가 수렴청정을 하면서 방침이 완전히 바뀌었다. 천주교도로 지목된 자들을 체포하고 그들에게 천주교를 버릴 것을 강요하고 듣지 않으면 처형시키거나 귀양을 보내는 강경책으로 일관한 것이다. 그녀가 섭정을 한 지 불과 1년 만인 1801년 1월 10일, 조정에서는 천주교를 엄금할 것을 결정하였고 곧 신유박해辛酉迫害*로 이어졌다.

신유박해로 죽은 교인은 공식적인 집계만 300명에 달했으며, 천주교를 믿던 남인 출신의 인사인 정약종이나 이승훈 등은 처형

---

* 1801년(순조 1년)에 발생한 조선의 천주교 박해 사건이다. 시파·벽파의 정치 투쟁에서 시파의 제거를 오랜 숙원으로 한 벽파가 천주교 탄압을 명분으로 일으킨 사건이다. 이 사건으로 중국인 천주교 신부이자 한국 교회 최초의 선교사인 주문모를 비롯하여 만천 이승훈, 정약종(다산 정약용의 형), 여성 평신도 지도자인 강완숙 등이 사형당했고, 한때 천주교에 관심을 가졌지만 이념의 차이로 멀리한 정약용 등은 귀양보내졌으며, 피해자는 수백 명에 달하였다.

되었고, 왕족 출신으로 정조의 동생인 은언군의 부인인 송씨와 은언군의 며느리인 신씨도 사약을 받고 죽었다. 뿐만 아니라 이미 천주교를 버린 이가환도 죽임을 당했으며, 정약용도 형과 동생이 천주교 신자라는 이유로 유배형에 처해졌다. 이 밖에도 이름이 알려지지 않은 수많은 교회 신도와 지도자들이 처형되었다.

이렇게 무소불위의 권력을 휘두르며 군림하던 정순왕후는 스스로 여주女主라 칭하며 조정을 장악했다. 사실상 여왕이 된 셈이나 다름없었다.

역설적으로 정순왕후의 권세는 자신과 손잡은 외척에 의해 끝장이 나고 만다. 섭정을 시작한 지 채 4년도 되지 않은 1803년 12월, 순조의 친정 선언이 있었다. 그리고 그의 장인인 김조순에 의해 정순왕후를 섬기던 관료 대부분이 숙청당했고 조정의 권세는 김조순을 위시한 안동 김씨 문중이 완전히 장악하게 되었다.

이렇게 되자 정순왕후는 수렴청정을 끝내고 권좌에서 물러났다. 한 번 맛 본 권력을 놓친 것이 못내 분하고 원통해서였을까? 그녀는 섭정을 그만둔 지 2년 후인 1805년 1월 12일, 창덕궁에서 사망하였다.

짧은 치세 기간이었지만 나라의 개혁을 완전히 중단시키고 유능한 인재들을 숙청했으며, 천주교도들을 비롯한 백성을 무수히 살육했던 공포의 여왕은 그렇게 역사 속으로 사라졌다. 하지만 그녀가 이룩한 업적(?)은 결코 적지 않았으니, 그녀를 딛고 일어선 안동 김씨들의 전횡으로 조선은 사실상 쇠망하여 이후 일본을 비롯한 외세의 침략에 무너지고 말았던 것이다.

그런 의미에서 본다면 20세기에 들어서 한국인들이 당했던 크나큰 고통은 정순왕후의 수렴청정에서 비롯된 것이었다고 해도 과언이 아니리라.

죽은자와의 인터뷰

작가_ 자기보다 열 살이나 더 많은 양아들과 같이 살자니 왕후께서도 어지 간히 거북스러우셨겠군요.

정순왕후 _____ 옛날 왕궁에는 그런 일이 무척 흔했지. 뭐, 나만 그런 경우였던 건 아니니까.

작가_ 그런데 정조가 죽자 섭정을 하게 된 왕후께서 그가 이룩한 개혁 정치를 몽땅 철폐해 버렸습니다. 왜 그러신 거였죠?

정순왕후 _____ 그야 그가 죽이고 싶도록 미웠으니까.

작가_ 설마 그럴리가요. 단지 그것만은 아닐 것 같습니다.

정순왕후 _____ 물론이지. 일단 내가 지지하던 세력인 벽파 쪽에서 그의 세력을 꺾고 대신 자신들의 입지를 넓히기 위해 그렇게 하길 원했소. 나부터도 벽파에 기대고 있었으니 그렇게 할 수밖에 없었지.

작가_ 그 바람에 조선은 암흑의 60년을 보내야 했습니다. 결과적으로 그 덕분에 근대화에 실패하고 외세의 먹잇감이 되고 말았고요. 그 점에 대해서 무슨 책임감을 느끼지 않습니까?

정순왕후 _____ 이봐, 미래가 어떻게 될 건지 미리 내다보고 행동하는 사람이 어디 있는가? 난 그냥 내가 처했던 입장에 충실했을 뿐이라네.

작가_ 하지만 천주교도 탄압은 지나친 처사 아닙니까? 단지 종교를 믿었다는 이유로 그렇게 많은 사람을 무참히 죽인 건 아무리 보아도 잔인한 일 같습니다.

정순왕후 _____ 그대가 살고 있는 세상이야 종교의 자유가 보장되니 그런 말을 할 수도 있지만, 그때를 보라고, 불교나 도교도 탄압받고 오직 유교만이 사회의 유일무이한 원리로 대접받던 세상이었지. 헌데, 유교 원리와 완전히 상충되는, 그것도 서양 오랑캐들이 믿는 종교가 이 땅에 퍼졌으니 나를 비롯한 권력자들이 어떻게 생각했겠나? 수백 년간 이어 온 기존의 질서를 완전히 뒤엎는 사상이었다고.

작가_ 그렇다 해도 죽일 필요까지는 없지 않았습니까?

정순왕후 _____ 개인의 인권이 최대로 존중받는 당신네 세상과 권력에 의해 한 개인의 생명이 손쉽게 제거되는 봉건사회를 동일한 선상에 놓고 비교하면 안 되네.

작가_ 그래. 그 문제는 이쯤에서 넘어가기로 하고 왕후께서는 말년에 스스로 여주라고 칭하면서 사실상 왕 노릇까지 했다고 들었습니다. 심지어 조정 대신들에게 충성 서약까지 받아내기도 했고요.

정순왕후 _____ 그 점은 나도 정말 아쉽네. 내가 조선이 아니라 저 멀리 서양에서 태어났다면 여왕 노릇 정도가 아니라 진짜 여왕이 되어야 했지. 아니면, 삼국시대에 태어날 걸 그랬나?

작가_ 왕후의 말대로 유교가 지배하던 사회였으니 그럴 수밖에 없겠죠. 그런데 제 생각에는 왕후가 진짜 여왕이 되었어도 나라와 백성들에게 별로 득이 되는 일은 없었을 것 같습니다.

정순왕후 _____ 이제 보니 자네도 시대에 뒤떨어진 양반이군. 여자가 뭐 어때서?

14

망국의 주범인가,
개혁의 화신인가
– 흥선대원군興宣大院君 –

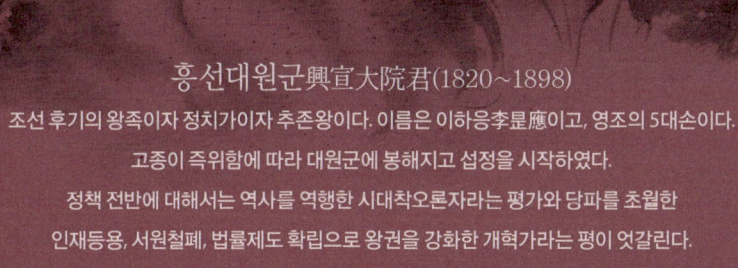

흥선대원군興宣大院君(1820~1898)

조선 후기의 왕족이자 정치가이자 추존왕이다. 이름은 이하응李昰應이고, 영조의 5대손이다.

고종이 즉위함에 따라 대원군에 봉해지고 섭정을 시작하였다.

정책 전반에 대해서는 역사를 역행한 시대착오론자라는 평가와 당파를 초월한

인재등용, 서원철폐, 법률제도 확립으로 왕권을 강화한 개혁가라는 평이 엇갈린다.

임오군란, 갑오개혁 등으로 은퇴와 재집권을 반복하였다.

아마, 한국 역사에서 이완용 못지않게 저주와 증오의 대상이 된 인물은 바로 흥선대원군일 것이다. 그가 펼친 쇄국정책 덕분에 조선이 서구 문물을 받아들이지 못해 국력이 약해져 결국 일본의 식민지로 전락하고, 자력으로 독립을 이루지 못해 분단이 되어 오늘날까지 대립하고 있다는 내용이 우리들의 머릿속에 강하게 각인되어 있기 때문이다.

하지만 그런 인식이 과연 정당한 것일까? 흥선대원군은 과연 지탄받아야 할 망국의 주범에 지나지 않을까? 그리고 쇄국이 아니라 문물을 개방했더라면 조선이 과연 근대화에 성공할 수 있었을까?

상갓집 개의 야망 _

흥선대원군 이하응李昰應은 1820년, 한양에서 왕족인 남연군南延君 이구李球의 아들로 태어났다. 우리가 알고 있는 야사에 따르면 흥선대원군은 권력을 잡기 전까지 끼니도 제대로 먹지 못해, 권력을 쥔 안동 김씨들에게 식사 구걸을 하러 다닐 정도로 궁핍한 생활을 했다고 하지만 이는 전혀 사실이 아니다.

아들 고종이 즉위하여 권력을 잡은 1863년 이전인 1846년, 그는 수릉천장도감綏陵遷葬都監의 대존관代尊官과 오위도총부의 도총관을 지냈으며, 1856년에는 왕실 족보인 《선원록》의 편찬까지 맡

앞다. 이런 사실에 비추어 볼 때, 그가 일명 '상갓집 개'라고 불리며 비참한 구걸을 하고 살았다는 이야기는 흥미 위주로 꾸며낸 야담에 불과하다. 조정에서 중책을 맡고 있던 관리가 식사도 제대로 못해서 다른 집에 가서 밥을 달라고 손을 내밀었겠는가?

1863년, 술과 여자에 빠져 지내다 허약해진 철종哲宗이 사망하자 흥선대원군은 미리 왕실의 웃어른인 조대비와 한 약속대로 자신의 아들인 명복命福을 왕으로 즉위시키니 바로 고종高宗이다. 이때 고종은 12세의 어린아이여서 그의 섭정이자 실권을 잡고 국정을 운영할 인물은 아버지인 흥선대원군 이하응이었다.

집권하게 된 흥선대원군은 거침없는 쾌도난마快刀亂麻의 기세로 개혁에 착수했다. 우선 500년 동안 조선왕조의 불문율이었던 평안도와 함경도 지역의 인재들과, 첩의 몸에서 태어난 서얼들을 등용하지 않던 차별을 철폐했다. 또한, 전국 각지에 무려 700곳이나 난립하던 서원書院들을 47군데만 남기고 모두 강제로 철거해 버렸다*.

흥선대원군에 비판적인 사람들은 서원 철폐가 그의 지지 기반인 유생들의 등을 돌리게 했으며, 더 나아가서는 자유로운 언론

---

* 1871년(고종 8년) 음력 3월 20일 지방에서 양반의 근거지로 난립하던 서원의 오랜 폐단을 제거하기 위해 흥선대원군이 서원에 대해 내린 일대 정리 명령이다. 전국에 서원을 47개소만 남기고 통폐합하였다. 사액을 받지 않은 서원을 우선적으로 정리하였고, 사액서원이라도 첩설(疊設)된 깃과 불법을 횡행하는 서원은 모두 철폐되었다.

의 탄압이라고 주장한다. 하지만 이는 당시의 상황을 전혀 고려하지 않은 억측이다.

　조선 말, 서울과 지방에 있던 서원들은 겉으로는 선비들이 모여 학문을 연구하는 기관이었지만 사실은 그들 자신만의 이권을 추구하던 부패한 세력의 집합소였다.

　한 예로 조선 말기의 대학자 우암 송시열을 모신 화양동서원華陽洞書院은 전국 각지를 상대로 화양묵패華陽墨牌를 보내어 자기들이 치를 제사에 쓰일 비용과 먹고 마실 음식 및 술값을 내도록 강요했다. 일반 백성들과 아무 상관없는 제사 비용을 왜 자기들 돈으로 하지 않고 백성에게 부담시켰는지 모를 일이지만 어쨌든 그들은 그랬다. 그리고 그 요청에 따르지 않는 백성들을 협박하고 심지어 매질을 하는 것으로 악명이 높았다. 이러다 보니 화양묵패華陽墨牌를 받은 백성들은 키우던 소나 논밭을 팔아서라도 서원이 요구하는 제수 비용을 마련해야 했다. 그렇게 해서 백성들이 돈을 보내면, 유생들은 그 돈을 가지고 자기들끼리 고기와 술을 사고 먹고 마시며 기생까지 불러들여 방탕한 유흥을 즐겼다. 학문을 통한 진리 탐구에는 관심이 없고 말초적인 쾌락만을 추구하는 모습이 마치 오늘날 대학가의 풍경을 보는 것 같아 못내 씁쓸하다.

　더구나 유생들의 횡포는 백성들에게만 국한된 것이 아니었다. 한 번은 이런 일도 있었다. 아직 집권하기 전의 흥선대원군이 화양동서원 안에 있는 만동묘를 참배하다, 서원에서 일하던 하인에게 두들겨 맞은 것이다. 지체 높은 왕족이 미천한 노비에게 봉변을 당한 셈이지만, 화양동 서원에서는 하인에게 아무런 잘못도 없다며 감싸고 돌았다. 이 일로 대원군은 서원 측에 깊은 원한을 품었다. 오죽하면 고은이 지은 시 '화양동서원'에서 "대원군 가로되 충청도 사대부만치 나쁜 사대부가 없다."라는 말까지 나왔을까?

결국 흥선대원군은 공권력을 동원해 이런 서원들을 47곳만 남겨 놓고 전부 철거시켜 버리는 강력한 조치를 해야만 했던 것이다. 물론 서원에 있던 유생들은 피눈물을 흘렸겠지만, 그들에게 학대받고 착취당하던 백성들에게는 10년 가뭄에 단비가 내리는 것 같이 속 시원한 쾌거였으리라.

이 밖에도 흥선대원군은 양반들도 서민과 똑같이 군포軍布, 군대에 안 가는 대신 베(布)를 세금으로 바치던 조치를 내게 했으며, 왕족이나 양반들이 숨겨놓은 땅을 철저히 조사해서 세금을 거두었고, 백성들을 괴롭히던 무명잡세無名雜稅들을 완전히 없애 백성들의 부담을 덜고 투명한 조세 정책을 시행하는 경제 개혁에도 착수했다.

이 같은 흥선대원군의 내부 개혁안은 대부분의 사람들로부터 호평을 받았으며, 실제로도 좋은 효과를 거두었다. 그럼 그가 추구했던 쇄국 정책의 진면목은 어땠을까?

쇄국인가, 정통성 보호인가 _

오늘날 우리들은 그가 각지에 척화비를 세우고 "서양 오랑캐와 화친하는 자는 모두 나라를 팔아먹는 역적이다"라는 글귀를 새기게 한 점을 들어 조선을 말아먹은 수구파의 우두머리라고 열을 올리며 비난한다. 하지만 그가 왜 그런 식으로 행동했는지, 그 발단을 알고서도 그럴 수 있을까?

일단, 19세기 당시의 상황을 보자. 서구 문물을 무조건 빨리 받아들였다고 해서 그 나라가 부강해진다는 보장은 없다. 중국은 1840년 아편전쟁 이후, 영국 및 프랑스와 정식으로 수교를 하고 문호를 개방했지만 국력이 강해지기는커녕 오히려 서구 열강의 반식민지로 전락했다. 비서구권 국가 중에서 제일 먼저 서구 국가들과 교류하여 문물을 받아들인 터키는 영토가 분열되어 약소국으로 몰락했으며, 이집트는 수에즈 운하 개통을 위해 영국 자본에 문호를 개방했다가 엄청난 빚더미에 올라 결국 영국의 식민지가 되고 말았다.

더구나 19세기는 서구 열강이 산업혁명에 성공하여 제3세계 국가들을 무력으로 침공해 식민지로 삼던 시절이다. 프랑스와 미국이 조선을 침범한 병인양요와 신미양요가 그것을 증명한다. 더구나 신미양요 직전, 미국 상선 제너럴셔먼호가 평양을 무단 침입해 약탈과 범죄를 자행하다 분노한 주민들의 저항을 받고 침몰한 일이나, 독일인 상인 오페르트가 대원군의 아버지인 남원군의 무덤을 파헤쳐 그 유골을 꺼내 대원군과 협상을 벌여 조선의 문호를 강제로 개방시키려 한 일들은 서구 제국주의의 진면목을 보여주는 사건이 아닌가? 이런 일들을 경험한 대원군이 서구 열강에 대해서 어떤 생각을 가졌을지는 안 봐도 뻔한 일이 아닌가?

"그래도 자기 감정에 휘말리지 말고 훗날의 먼 미래를 위해서 개방을 했어야 한다"라고 말할 사람이 있을지 모르겠다. 하지만 그렇게 말하는 사람은 과연 자신과 세상이 앞으로 어떻게 바뀔지 알고나 있는 것인가?

더구나 대원군 역시 처음부터 무턱대고 서구 문물을 거부하지는 않았다. 오히려 천주교 신자인 자신의 아내나 처가를 이용해 프랑스와 손을 잡고 러시아의 남하를 막으려는 계획까지 세웠다. 하지만 프랑스가 대원군 이전, 조선 조정이 했던 천주교 탄압을 빌미로 그 제안을 거부하고 오히려 조선에 강제적인 통상 압력을 넣자 대원군도 어쩔 수 없이 돌아서게 된 것이다.

개방을 하면 무조건 국력이 증대된다는 단순한 생각이야말로 위험하다. 1871년, 조선은 일본의 압력에 못 이겨 강화도 조약을 맺고 일본과 정식으로 수교 통상을 맺었지만 어떻게 되었던가? 일본의 경제적 침탈에 속수무책으로 국내 경제가 잠식되다 결국 주권을 모두 잃고 식민지가 되지 않았던가? 이걸 두고 어느 교수는 조선이 맹목적인 반일 감정으로 망했다고 하지만, 완전히 틀린 말이다.

물론 대원군이 한 일이 모두 옳았던 것은 아니다. 왕실의 위엄을 살리기 위해 경복궁을 재건하면서 당백전과 원납전을 찍어내는 바람에 물가가 폭등해 서민 경제에 어려움을 준 적도 있었다. 하지만 두 화폐는 경복궁 복원이 끝나자 그와 함께 폐기되어 화폐로 쓰이지 않았다.

어떤 사람은 대원군의 경복궁 복원을 놓고 "왕실을 비롯한 기득권층의 마지막 발악에 불과하다"라고 악평을 하기도 하지만, 일단 생각을 달리해 보자. 외국과 수교하고 개방을 하려고 해도 구심점이 있어야 국내의 힘이 모여 효과를 발휘할 텐데, 당시 조선에서 그럴 구심점이라면 왕실 밖에 더 있겠는가? 일부 지식인들을 제외하면 백성들 절대 다수가 전제 왕정에 익숙한 상황에서 말이다.

오히려 조선을 말아먹은 원인은 대원군의 쇄국정책이라기보다는 그와 대립했던 며느리 명성황후를 중심으로 한 민씨 일가의 세도정치 때문이었다. 페미니즘과 싸구려 영웅주의가 뒤섞인 TV 드라마를 통해 '조선의 국모'로 알려진 명성황후는 사치와 허영에 빠져 살았으며, 자신을 비방한 백성들이 살던 마을에 군대를 보내 초토화시켜 버린 인물이었다. 대원군 본인이 검소한 생활을 하고 세금 감면과 민생 안정에 신경을 썼던 것과는 너무나 대조적이었다.

　역사에 가정은 무의미하지만, 만약 흥선대원군의 개혁 정치가 10년 정도 일찍 시작되었다면, 조선의 운명도 달라지지 않았을까?

죽은자와의 인터뷰

작가_ 요즘도 국내 경제를 개방해야 한다는 목소리가 높던데, 그걸 보면서 선생 생각이 나더군요.

흥선대원군 _____ 나도 그걸 보면서 무척 씁쓸했네. 무조건 개방을 해야 한다는 말은 집의 대문과 창문을 몽땅 없애자는 얘기나 다름없던데, 그러다가 도둑이라도 들면 어쩌려고 그러는 건지? 그리고 이 세상에 '무조건'이라는 말이 과연 통하기나 하던가?

작가_ 하긴, 한국 경제가 개방이 안 되었다고 하지만, 사실 대기업이나 금융 및 은행을 비롯한 대부분의 경제들은 이미 개방이 될 대로 된 상태입니다. 그렇게 하다가 오히려 외국 자본에 국내 경제가 잠식당할 우려도 있는데 다들 그 점은 모르는 것 같아 안타깝습니다.

흥선대원군 _____ 《사다리 걷어차기》라는 책도 있지 않던가? 사실, 지금 미국이나 유럽, 일본을 비롯한 대부분의 선진국들도 철저한 보호무역을 통해 경제 발전을 이루었으니 무조건 개방해야 잘 된다는 말은 짧은 생각일세. 70~80년대 한국의 경제 발전도 정부의 강력한 국내 산업 보호 덕분이 아니었던가?

작가_ 지금 금융 공황을 맞아 미국을 비롯한 세계 각국이 자국 산업 보호를 위한 보호 무역에 나서고 있는데, 정부는 오히려 규제 철폐와 더 큰 개방을 외치며 신자유주의에 목숨을 걸고 있습니다. 흔히 일본을 얘기하면서 먼저 서구에 문물을 개방했어야 한다고 하지만, 일본은 서구 문물을 신중하게 받아들였지 우리처럼 무분별하게 받아들이지는 않았습니다. 과학기술은 수용하면서도 기독교는 철저히 배척했으니까요.

흥선대원군 _____ 그건 그렇고, 나에게 할 말은 더 없나?

작가_ 아직 끝나지 않았습니다. 선생의 인생을 돌아보니 잘한 점도 많지만 그렇지 못한 부분도 많더군요. 우선, 자신의 며느리인 명성황후와 권력을 두고 싸운 것 때문에 나라가 망했다며 아쉬워하는 사람도 많습니다.

흥선대원군 _____ 그 얘기는 별로 하고 싶지 않네. 다른 사람들 보기에 창피하니까. 하지만 내 입장도 생각해 주게. 내가 직접 선택한 며느리가 나를 미워하고 내가 쥔 권력을 빼앗고, 게다가 내가 한 개혁 정책을 모두 뒤집고 자기 가문의 세력 불리기에만 혈안이 된 모습을 보고 내가 어떻게 바라만 볼 수 있겠는가?

작가_ 그래도 싸우는 것보다는 손을 잡았어야 하지 않았습니까?

흥선대원군 _____ 자네 말은 지금 왕따를 당하는 학생이 자신을 괴롭히는 가해자들과 함께 모여 사이좋게 지내자는 말보다 더 황당하네 그려. 며느리와 나는 정치뿐만 아니라 모든 면에서 서로 대립하는 상황인데 어떻게 협력을 하란 말인가? 더구나 그녀는 나와는 달리 사치와 허영에 푹 빠져 살았고, 국가나 백성을 위한 정치에는 도무지 관심이 없었네. 텔레비전 드라마에서 그랬다지? "나는 조선의 국모다!" 국모? 웃기지 말라고 해! 자기를 비방했다고 그 마을에 군대를 보내 초토화시키는 장본인이 어떻게 백성들의 어머니가 될 수 있나?

작가_ 너무 흥분하신 것 같습니다.

흥선대원군 _____ 내가 어찌 흥분하지 않을 수 있겠나? 나라와 백성을 위해 온갖 노력을 다한 나는 엄청나게 욕을 먹고, 정작 친척들 벼슬 내주기 밖에 모르고 살았던 며느리는 후세에서 무슨 잔다르크 같은 여걸로 추앙을 받는 모습을 보고 있자니 속에서 천불이 올라 미칠 지경이라네!

작가_ 하지만 너무 억울해하지는 마십시오. 언젠가 진실은 드러나게 되니까요.

흥선대원군 _____ 솔직히 그런 말을 하는 자네 자신도 별로 믿고 있는 것 같지는 않군!

작가_ 그래도 믿어야지, 어쩌겠습니까.

15

조선의 마지막을
장식한 악질 탐관오리

- 조병갑趙秉甲 -

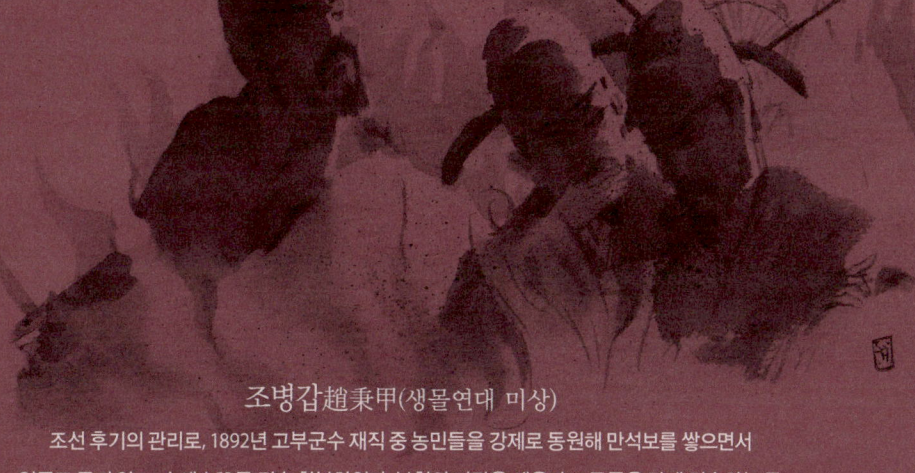

조병갑趙秉甲(생몰연대 미상)

조선 후기의 관리로, 1892년 고부군수 재직 중 농민들을 강제로 동원해 만석보를 쌓으면서
임금도 주지 않고, 수세水稅를 징수 착복하였다. 부친의 비각을 세운다고 금품을 강제 징수하는 등
온갖 폭정을 자행하였다. 또 자신의 모친상 때 부조금 2000냥을
안 거둬 주었다는 이유로 전승록(전봉준의 아버지)에게 곤장형을 가하여 때려죽였다.
그의 학정은 동학농민운동을 유발한 직접적인 원인이 되었다.

정조의 개혁이 실패한 이후, 안동 김씨 가문의 전횡으로 급속히 국력이 쇠약해지고 있던 조선은 흥선대원군이라는 돈키호테가 나타나 어느 정도 체력을 회복하고 있었다. 그러나 그것도 그만 명성황후를 중심으로 한 민씨 가문이 정권을 잡는 바람에 흐지부지되고 말았다. 여기에 서구 문물을 받아들여 국력을 급속히 키운 일본이 마수를 뻗쳐 조선을 강탈할 준비를 하는 등 조선은 언제 무너질지 모르는 극도의 위기로 치닫고 있었다.

나라를 둘러싼 상황이 이런 데도 불구하고 여전히 조선의 관리들은 백성들을 상대로 한 착취와 가렴주구苛斂誅求에 여념이 없었으니, 그중 가장 악질적인 수탈을 일삼아 결국 1894년 2월, 동학 접주接主 전봉준을 앞세운 농민들이 봉기를 일으키게 한 장본인이 바로 조병갑이다.

수탈의 모든 것을 보여 준 탐관오리 _

1844년 5월 15일에 태어난 조병갑은 태인군수를 지낸 조규순趙奎淳의 서자이며 어머니는 어느 기생이었다고 전해진다. 그는 철종 때 좌의정을 지낸 조두순趙斗淳의 조카이기도 한데, 부패가 창궐하던 조선 말엽에 친척 중 고관대작이 있다는 것은 관직에 오르면 마음 놓고 착취를 일삼을 수 있다는 뜻이 된다. 그도 결코 예외가 아니었는데 1893년, 전북 고부의 군수로 발령되자 본색을 드러내고 백성을 등쳐먹기 시작했다.

그가 저지른 수탈은 가히 조선 말엽을 살아간 탐관오리의 전형을 보여준다. 아무런 공적도 없는 자기 아버지의 송덕비(지방관의 공덕을 칭송하는 비)를 세운답시고 백성에게 강제로 돈 1000냥을 걷고는 비를 세우는 일도 백성에게 떠맡겼다. 원래 송덕비란 백성이 지방관의 선정에 감동을 받고 자발적으로 세우는 것인데, 조선 말기로 접어들면서 잘한 일도 없는 지방관들이 백성에게 강제로 세우게 하는 관행으로 변질되었다.

또한 아무런 잘못도 저지르지 않은 백성에게 "너는 불효를 하고, 이웃을 못살게 굴고 수령에게 무례하게 굴었다"라는 식의 거짓 죄를 씌워 감옥에 가두고 돈을 낼 때까지 곤장을 때리는 악형까지 저질렀다. 이러다 보니 고부 고을은 온통 백성들이 외치는 비명소리가 그칠 날이 없을 지경이었다.

심지어 자신의 모친이 죽자 그 장례를 치를 돈을 모두 백성에게 걷었고, 돈을 미처 내지 못한 백성을 잡아다 모진 고문을 했다. 고문이 어찌나 심했던지 고문을 받다 죽는 사람까지 속출했다.

그러나 조병갑이 저지른 가장 큰 부정은 다름 아닌 만석보萬石洑, 관개용 저수지 공사였다. 조병갑은 원래 존재하던 만석보를 홍수를 막는다는 핑계를 대며 대대적인 보수 공사를 시작했는데, 사실 기존의 만석보로도 수해를 막기는 충분해서 구태여 더 쌓을 필요도 없었다. 그럼에도 불구하고 조병갑은 기어이 만석보를 보수해야 한다는 주장을 고집했다. 대체 무엇 때문일까? 그의 주변 관리들도 속셈을 알 수 없어 어리둥절했다.

조병갑은 공사에 필요한 인부들을 모두 농민들로 충당했다. 농민들은 졸지에 강제로 끌려나와 돌과 흙을 나르며 힘든 노역을 했는데, 한 푼의 보수도 받지 못했다. 게다가 조병갑은 추수를 할 계절이 오자, 농민들에게 "내가 만석보를 쌓아 홍수를 막은 덕분에 농사가 잘 된 것이니, 너희들은 그 대가로 물세水稅를 내라!"는 억지 명분까지 내세웠다. 그 바람에 농민들은 자신들이 애써 수확한 곡식 중 무려 700섬을 조병갑에게 바쳐야 했다.

상황이 이쯤 되자 농민들도 더 이상 참지 못했다. 그동안 짐승처럼 학대받으며 착취당할 대로 당한 농민들은 금방이라도 폭발할 것 같은 활화산처럼 분노가 쌓여 있었다. 당장 들고 일어나 관아를 들이쳐 조병갑을 죽여야 한다는 여론이 농민들 사이에 은밀히 나돌았다. 그러나 일단 대화로 호소해 보자는 의견도 있어서 그해 12월, 동학 접주 전봉준이 중심이 되어 고을 농민들은 그동안 자신들이 입었던 피해와 억울함을 호소하는 진정서를 써서 관아에 보냈다. 하지만 조병갑은 농민들의 피와 눈물이 절절히 배인 이 진정서를 제대로 읽지도 않고 내동댕이쳤을 뿐 아니라 오히려 진정서에 서명한 농민들을 색출해 옥에 처넣었다. 그중에는 전봉준의 아버지도 포함되어 있었다.

　결국, 도저히 대화로는 문제가 해결될 수 없음을 깨달은 농민들은 다음해인 1894년 2월, 전봉준이 이끄는 동학교도들과 함께 봉기를 일으켜 고부관아로 몰려가 토색討索질한 관리들을 죽이고 옥에 갇힌 백성을 구해 냈다. 그러나 그들이 오기 전에 한 발 앞서, 사태의 심각성을 눈치 챈 조병갑은 재빨리 몸을 피해 전주로 달아났다.

청산하지 못한 역사의 반복 _

고부에서 봉기가 일어났다는 소식을 접한 조정에서는 전라감사全羅監司 김문현金文鉉을 시켜 사태의 진상을 파악하게 했다. 김문현은 곧 상소를 올렸는데, 그 내용은 "조병갑이 그동안 세금을 거둔 장부를 엉망으로 작성해 조정에 바친 세금보다 자신이 착복한 세금이 더 많다"라는 것이었다. 어느 왕조든 조병갑 같은 탐관오리들이 창궐하게 되면 백성도 착취당하고 국고도 텅 비면서 사회 전체의 부가 몇몇 특권층에게만 집중되는 현상이 나타난다. 그리고 그것은 곧장 국가의 쇠망으로 이어진다.

　어쨌거나 민란의 원인을 만든 조병갑은 의금부義禁府에서 파견된 도사都事에게 체포되어 압송되었다. 그런데 조병갑은 형장을 맞고 심문을 당하면서도 자신의 잘못을 인정하지 않고 계속 거짓말을 꾸며 비리를 덮으려 하였다. 재물에 대한 집착이 얼마나 강했으면, 웬만큼 건강한 사람들도 없는 말도 지어내서 자백한다는 심문에도 버텼던 것일까?

다시 한 차례 형장을 맞고 심문을 당했지만 조병갑은 끝끝내 비리를 시인하지 않고 버텼다. 결국 1894년, 조병갑은 원악도遠惡島로 유배를 갔다가 다시 고금도古今島로 옮겨 갔다.

그런데 1년 후인 1895년 7월 3일, 놀라운 일이 벌어졌다. 원악도로 유배를 간 조병갑이 6월 27일, 법부의 조칙에 의해 석방된 것이다. 도대체 어떻게 된 것일까?

이것만이 아니다. 3년 후인 1898년 1월 2일, 조병갑은 4품의 관직인 법부法部의 민사국장民事局長에 임명되어 동학 교주 최시형崔時亨에게 사형을 언도하기까지 했다.

극악무도한 탐학을 부려 농민들의 대대적인 봉기를 일으키게 한 장본인이 어떻게 유배를 간 지 불과 3년 만에 다시 석방되어 관직에 복귀하고 승진까지 했을까? 이는 그가 축적해 놓은 재산이 큰 힘을 발휘했기 때문이었다. 비록 유배에 처해지긴 했지만, 조병갑은 자신의 가족들을 시켜 조정의 요소요소에 뇌물을 뿌려 구명을 요청했고, 부패한 관리들은 그런 청탁을 받고 원래대로라면 사형에 처해져도 할 말이 없는 조병갑을 석방시킨 것도 모자라 관직까지 높여준 것이다.

20세기 초가 되고 구한말로 접어들면서 조선왕조, 아니 대한제국의 국운은 나날이 기울어 갔다. 하지만 그런 시대상과는 달리, 조병갑의 부와 권세는 더욱 커져만 갔다. 1911년, 사망할 때까지 조병갑은 재물을 계속 불려가며 호화로운 생활을 했다. 그가 죽었을 때, 그의 나이는 57세였는데, 그리 길지는 않았지만 한평생 실컷 쌓은 재산으로 호의호식하다 죽었으니 억울할 일은 아니었다. 물론, 그의 착취 때문에 들고 일어났다 죽임을 당한 수많은 농민들과 백성들의 입장에서 보면 그렇지도 못했으리라.

조병갑은 죽었지만, 그의 후손들은 그가 축적해 놓은 방대한 재산으로 풍족하게 살았고, 현재도 정계에 진출하는 등 사회 상류층의 일원으로 활동하고 있다. 민주주의 국가인 지금에서 후손이 조상의 죄를 대신 뒤집어쓸 필요는 없지만, 그래도 지나간 역사를 떠올리면 입맛이 씁쓸해지는 건 어째서일까?

죽은 자와의 인터뷰

작가_ 어렸을 때, 전봉준 위인전을 읽는데 책의 앞머리에 선생 이름이 떡 하니 나오더군요. 그때부터 선생의 이름 석 자만 들으면 탐관오리라는 생각이 듭니다. 헌데, 보통 동학혁명을 다룬 책들을 보면 당신이 그냥 파직당하고 귀양을 갔다고만 나오지 그 뒤의 이야기는 나오지 않던데, 알고 보니 정말 가관이더군요. 대체 어떻게 유배를 간 지 1년 만에 풀려나서 더 높은 관직으로 승진까지 한 겁니까?

조병갑 _____ 자네가 위에 써놓은 것처럼 했다네. 곳곳에 돈을 뿌리니안 되는 일이 없더군.

작가_ 하긴, 그러니까 조선이 망했죠. 아무리 개화를 하고 개혁을 하면 뭐합니까? 내부의 부패가 그대로 존재하는데. 그나저나 선생은 그렇게 백성들을 상대로 고혈을 짜내면서 아무런 죄책감도 느끼지 못했습니까?

조병갑 _____ 내가 왜 그런 걸 느껴야 하지?

작가_ 선생은 자신이 한 일이 전혀 부끄럽다고 생각하지 않습니까?

조병갑 _____ 이런 소심한 책상물림하고는…… 내가 뭐 어때서? 솔직히 그 시절에 나만 백성들 상대로 돈을 갈취하고 뇌물 먹었나? 안 그런 놈 있으면 나와 보라고 하게. 임금과 왕비마저 자기 재산 불리는 데 정신이 없었던 판국인데, 내가 한 일이 뭐가 잘못되었던 말인가?

작가_ 그래도 당신이 벌인 탐학 때문에 죽어간 백성들은 어떻게 할 겁니까?

조병갑 _____ 흥! 그러게 누가 무식하고 가난한 백성으로 태어나라고 했
나? 억울하면 자기들도 그렇게 해보라고 하지.

작가_ 철면피군요.

조병갑 _____ 아무리 욕을 먹어도 난 끄떡없어. 내가 모아 놓은 재산 때문
에 내 후손들이 잘 먹고 잘 살면 그만이지. 그 이상 무얼 더 바란단 말이냐?

작가_ 친일파 후손들도 다 그렇게 살더군요. 오죽하겠습니까? 더 이상 할
말도 없습니다.

| 참고 문헌 |

《삼국사기》   《정조실록》

《삼국유사》   《순조실록》

《고려사》   《철종실록》

《고려사절요》   《고종실록》

《선조실록》   《순종실록》

《선조수정실록》   《난중일기》

《광해군일기》   《난중잡록》

《인조실록》   《연려실기술》

《효종실록》   《산성일기》

《영조실록》   《병자록》

도현신, 《임진왜란 잘못 알려진 상식 깨부수기》, 역사넷, 2008년

이승환, 《고려 무인 이야기》 (2~3권), 푸른역사, 2003년

이이화, 《이이화의 한국사 이야기 -조선과 일본의 7년전쟁》 (11권),

        한길사, 2000년

      《이이화의 한국사 이야기 -국가 재건과 청의 침입》 (12권),

        한길사, 2000년

      《이이화의 한국사 이야기 -당쟁과 정변의 소용돌이》 (13권),

        한길사, 2001년

시대를 배신한 역사의 반역자
한국사 악인열전惡人列傳

1판 1쇄 인쇄 2009년 10월 01일
1판 1쇄 발행 2009년 10월 10일

지은이 도현신
펴낸이 서채윤
펴낸곳 채륜

기획 박수용
표지·본문디자인 Design窓 (66605700@hanmail.net)
일러스트 임승현

등록 2007년 6월 25일(제25100-2007-000025호)
주소 서울 광진구 군자동 229
대표전화 02-6080-8778 | 팩스 02-6080-0707
E-mail chaeryunbook@naver.com

ISBN 978-89-93799-04-0 03910